CONFIDENCES

D'UN HOMME DE LETTRES

EN DISPONIBILITÉ.

OPUSCULES.

PAR A. LARDIER.

> Il n'y a que les petits hommes
> qui redoutent les petits écrits.
> BEAUMARCHAIS; *Mariage de Figaro.*

> Dans notre village nous appelons
> les choses par leur nom; quand
> nous disons un chou, des citrouil-
> les, un concombre, ce n'est point
> de la cour ni des grands que nous
> parlons.
> P. L. COURRIER.

Prix : 3 francs.

MARSEILLE.

IMPRIMERIE ET LITHOGRAPHIE GRAVIÈRE,

31, rue Paradis.

1854.

CONFIDENCES

D'UN HOMME DE LETTRES

en disponibilité.

OPUSCULES.

par A. LARDIER.

CONFIDENCES

D'UN HOMME DE LETTRES

EN DISPONIBILITÉ.

OPUSCULES.

PAR A. LARDIER.

Il n'y a que les petits hommes qui redoutent les petits écrits.

BEAUMARCHAIS ; *Mariage de Figaro.*

Dans notre village nous appelons les choses par leur nom ; quand nous disons un chou, des citrouil- les, un concombre, ce n'est point de la cour ni des grands que nous parlons.

P. L. COURRIER.

MARSEILLE.

IMPRIMERIE ET LITHOGRAPHIE GRAVIÈRE,

31, rue Paradis.

1854.

AVANT-PROPOS.

Pendant bien longtemps je n'ai pu me livrer à mes goûts littéraires ; ce n'était pas quand, fourrier à 17 et 18 ans, je faisais deux campagnes à la grande armée, sous Napoléon, qui ne nous laissait guère le temps de songer à vers et prose ; ce n'était pas quand, commis de marine, administrant un vaisseau de guerre, j'assistais à un combat sanglant et par suite me trouvais prisonnier des Anglais, dont les vexations ne permettaient pas une entière liberté d'esprit ; c'était bien moins encore quand récemment j'exerçais des fonctions publiques d'une certaine importance.

L'administration a compris enfin que ma position n'était pas compatible avec le laisser-aller, l'incurie d'un homme de lettres, et a

bien voulu me venir en aide : j'avais un débit de tabac, j'avais un emploi de quatre mille
francs environ ; l'un et l'autre me donnaient
du tracas ; on m'a débarrassé de l'un et de
l'autre, et, prenant en considération mes an-
ciens et mes récents services, on m'a donné
ce doux repos si favorable à l'étude. Je puis
donc dire comme le berger de Virgile : ·

Deus nobis hæc otia fecit.

Comme ce Tityre, j'ai depuis adopté la vie
innocente et frugale tant recommandée par
les philosophes, et comme lui aussi, je me
nourris de

Castaneæ molles et pressi copia lactis;

quand j'en ai toutefois.

A cette aimable quiétude sont dus les frag-
ments qui composent ce volume. Écrits à
diverses époques, je les avais mis de côté,
oubliés, et ne pensais guère qu'ils dussent jamais voir le jour. Je désire que le lecteur
se félicite comme moi de la mesure qui m'a
permis de les revoir, de les mettre en ordre
et de les publier.

Peut-être ne trouvera-t-on pas dans ces
opuscules la chaleur qu'on a pu remarquer

dans quelques productions de ma jeunesse. Mais, indépendamment de l'âge, ceci a été écrit en plein hiver, sous une atmosphère abrutissante et morbide, ennemie de tout élan de la pensée, de toute expression énergique. J'ai dû forcément subir cette funeste influence.

Je devais d'abord intituler ce recueil *Loisirs d'un Révoqué*. Plusieurs de mes amis ont voulu me persuader que n'étais pas révoqué, mais démissionnaire. N'aimant pas la contradiction, je me suis rendu à leur avis et j'ai changé mon titre, bien que je fusse, mieux qu'eux, à même de savoir ce qui en est. Passe donc pour démissionnaire, puisqu'on le veut, ne disputons pas sur les mots, mais avant de finir, qu'on me permette de rapporter un fait qui s'est passé pendant mon dernier séjour à Paris.

Un individu se trouvait dans une maison de la rue du Bac, en compagnie de trois ou quatre quidams qui lui voulaient du mal sans qu'il s'en doutât, sans qu'il sût pourquoi. Un d'eux, lui appuyant un pistolet sur la tempe, lui dit : sautez vite par cette fenêtre ou je vous brûle la cervelle. Il aima mieux sauter, et par un bonheur inoui, par un de ces coups que la providence ne fait pas souvent, il en fut quitte pour se casser une jambe et prétendait après qu'on l'avait jeté par la fenêtre. Ses amis soutenaient au contraire qu'il avait sauté de son plein gré; lui, répondait qu'on l'y avait forcé et que c'était à peu près la même chose. Qui avait tort, qui avait raison? Je ne me prononce pas. Le cas est embarrassant, et j'en laisse la décision à plus habile que moi.

Une première visite
A LAFAYETTE.

SOIRÉES.

De loin c'est quelque chose et de près ce n'est rien,

LAFONTAINE.

On sait que depuis longtemps les Américains avaient exprimé le désir de voir Lafayette sur le territoire de l'Union pour lui exprimer la reconnaissance de ce qu'il avait fait en leur faveur. Mais des évènements successifs, la prison d'Olmutz, les luttes politiques auxquelles il prenait une si grande part ne lui avaient pas permis de se rendre à ce vœu. Enfin, en 1825, il put se dérober pendant quelques mois à ses préoccupations d'homme d'état, pour aller recevoir au-delà de l'Atlantique les ovations qui l'attendaient. Il le fit savoir au Gouvernement des États-Unis qui voulut mettre une frégate à sa disposition, mais il s'y refusa et partit du Havre sur un bâtiment marchand, comme un simple particulier allant visiter des amis.

2

Je n'ai pas, dans le fragment qu'on va lire, à donner le récit de ce voyage qui, pour un simple particulier, n'a pas d'exemple dans l'histoire et qui, probablement, n'aura rien de semblable dans l'avenir. Je vais donc me borner à en dire quelques mots :

A son débarquement, Lafayette fut salué par un immense et unanime cri de félicitation, qui se répéta, se prolongea sur tout le territoire de l'Amérique, pendant les trois mois que dura le voyage.

Pendant le jour, les détonnations du canon, pendant la nuit, des feux allumés de distance en distance, annonçaient le passage de l'hôte des États-Unis. A plus de trente lieues à droite et à gauche du parcours, les villageois fermaient leurs portes et venaient en masses, hommes, femmes, enfants et vieillards, attendre Lafayette sur la route, lui presser les mains et lui dire : « Nous savions que votre itinéraire ne vous permettait pas de vous détourner jusqu'à nous, mais nous n'avons pas voulu vous laisser quitter l'Amérique sans jouir un instant de votre présence, sans venir vous présenter notre part de respect et de gratitude. »

Et cependant les idées les plus délicates, les allusions les plus ingénieuses se mêlaient, de la part du Gouvernement à l'enthousiasme de la population. J'en citerai un seul exemple :

Lafayette avait combattu et avait été blessé, il y avait quarante ans, à l'affaire de la Brandiwine gagnée contre les Anglais. Il allait maintenant, dans sa route, traverser le terrain où s'était livrée cette bataille, quand, arrivé sur une hauteur qui le domine, il voit trois armées rangées en bon ordre, Américaine, Française et Anglaise, avec les uniformes de l'époque, avec leurs drapeaux, leur artillerie, et prêtes à combattre. Un coup de canon donne le signal, et les trois armées s'ébranlent ; les mêmes évolutions, les mêmes mouvements, les mêmes péripéties du combat se produisent avec l'exactitude et la durée de la bataille elle-même. Lafayette était rajeuni de quarante ans.

A Washington, le sénat, qui l'attendait en séance extraordinaire, sortit en masse pour le recevoir au dehors, lui fit cortège jusqu'au siége du président qui, le faisant placer à sa droite, lui adressa officiellement les remerciments et les vœux de la nation. Je voudrais pouvoir reproduire son discours, modèle d'éloquence ; mes souvenirs ne m'en laissent avec assez de fidélité que les dernières phrases. « Général, disait le président, votre présence parmi nous semble réaliser le rêve du patriote Américain. Nous aimons à nous bercer de l'idée qu'après la mort nous reviendrons voir ces lieux, où chaque jour s'opèrent des prodiges et les plus heureux changements. Cette ville même, qui porte un nom chéri, n'existait pas quand vous nous aidiez à défendre nos droits. Elle couvre maintenant le sol occupé alors par des forêts. Tout change, tout se renouvelle autour de nous. Il n'est que deux sentiments qui sont et resteront les mêmes : C'est notre amour pour la liberté, notre reconnaissance notre,

— 4 —

vénération pour vous. Ces sentiments nous ont été transmis par quelques milliers d'Américains nos pères, ils seront transmis intacts, de génération en génération, aux millions de citoyens qui doivent peupler jusqu'à la fin du monde ces contrées. »

Dans la même séance, on vota à Lafayette un million en numéraire et un million en terres à la Nouvelle Orléans. Ces petites attentions, réunies aux beaux discours et aux ovations, ne gâtent jamais rien. On fit aussi de nombreuses tentatives pour le le retenir et le fixer aux États-Unis, mais il s'y refusa et revint en France sur une frégate que le gouvernement de l'Union mit à sa disposition.

Il ne faudrait pas croire au surplus, que Lafayette fut le but unique des manifestations qui lui furent prodiguées. Il y avait là dessous, une intention politique bien évidente ; c'était de narguer les gouvernements monarchiques de l'Europe. Mais le bon Lafayette ne s'en apperçut pas ; et modestement prit tout pour lui.

J'arrive maintenant à mon sujet : tandis que Lafayette allait ainsi de triomphe en triomphe, d'ovation en ovation, tandis que le voyage se prolongeait, un libraire de Paris eut l'idée d'en publier les détails à mesure qu'ils arrivaient en France. Il en demanda l'autorisation à la famille qui, non seulement y consentit, mais voulut bien mettre à sa disposition les lettres du Général, celles de son secrétaire, (1) et les journaux américains

(1) Aujourd'hui Consul général en Amérique.

donnant des particularités sur le voyage. Ce libraire choisit pour rédacteur de l'œuvre un de mes amis (2) qui, ne sachant pas l'anglais et ayant à traduire des journaux écrits en anglais, me prit pour colla-borateur.

L'ouvrage devait paraître en quatre livraisons, formant un volume à la fin de la quatrième. Il en avait paru trois et la dernière était sous presse quand Lafayette débarqua au Havre, encore ennivré sans doute de tant de triomphes dont il avait été saturé pendant sa pérégrination.

Quand il arriva à Paris, mon collaborateur était absent, et le général me fit écrire d'aller le voir le lendemain matin avec invitation de m'y rendre le plus de bonne heure possible, attendu, disait-il, qu'ayant beaucoup de personnes à voir, il désirait avant tout, avoir le temps de causer avec moi seul à seul.

J'étais assez jeune, et j'avais presque toutes fraî-ches et candides encore ces illusions que nous serions peut-être heureux de conserver, et que l'âge et l'expérience viennent si cruellement dé-truire. Je croyais encore à beaucoup de choses dont la connaissance du monde et des hommes m'ont démontré le néant.

Quand j'appris donc que le lendemain je me trouverais en tête à tête avec Lafayette, avec cet homme dont le nom avait retenti dans les deux

(2) Aujourd'hui Conseiller d'état.

hémisphères, moi, homme de lettres obscur, perdu, inapperçu dans la foule, à peine pouvais-je le croire, et je n'en dormis pas de le nuit. Je me rappelai que Lady Morgan, dans une position semblable à celle où je me trouvais, avait dit : « Je m'atendais à le voir sur son cheval blanc. »

Et moi aussi, me retraçant les grandes scènes auxquelles il avait assisté, tous les évènements de nos commotions civiles auxquels il avait pris part, moi aussi dans le délire de mon enthousiasme, je me figurais presque le voir le lendemain sur son cheval blanc.

Mais par une de ces transitions de la pensée, si rapides, souvent si bizarres et qu'on ne saurait expliquer, n'allai-je pas me souvenir que Napoléon à Sainte-Hélène, en parlant de Lafayette, avait dit un jour : « Bah ! c'est un niais. » Lafayette un niais ! Voila qui brouillait et confondait toutes mes idées. Cependant, me disais-je, Napoléon était bon juge et connaissait les hommes ; mais après tout, il a bien pu se tromper une fois.

Voilà les pensées qui me tenaient éveillé. Au point du jour je pris un cabriolet, et de la rue Montagne Sainte Geneviève, où je logeais, me rendis chez Lafayette, rue d'Anjou, faubourg Saint-Honoré. Mon émotion croissait à chaque seconde et toujours ce terrible mot de niais était dans ma tête. Impossible de le chasser ; il me semblait le voir en croupe, derrière Lafayette, sur le cheval blanc.

Nous voilà en présence. Dès qu'on m'eut annoncé, Lafayette vint au devant de moi, me donna une accolade fraternelle, me présenta un fauteuil devant la cheminée, c'était au mois novembre, et nous prîmes du chocolat. Nous en vînmes alors à l'affaire qui m'amenait. Il me dit avoir lû aux États-Unis les trois livraisons déja parues, me fit de grands remerciments de ce que nous avions dit sur son compte et ajouta qu'il allait me donner quelques notes relatives à sa traversée jusqu'au Havre et à la réception qui lui avait été faite dans ce port, circonstances à ajouter à la quatrième livraison.

Tandis qu'il me parlait, moi, attentif et timide, je le regardais, et sur cette physionomie douce, bonne et bienveillante, il me semblait démêler encore quelques traces de ce malheureux propos de Napoléon. Je l'écoutais toujours quand il ajouta : « J'ai vu avec peine que vous avez cru devoir retrancher quelques phrases des discours que j'ai prononcés aux États-Unis. Tout ce que j'ai dit là bas, je savais fort bien que ce serait répété en Europe, et je n'ai dit que ce que je pouvais dire, car vous sentez bien que je ne suis pas assez *Niais*, pour avoir agi autrement. »

Ah mon Dieu ! quand il prononça ce mot que j'avais dans la tête, je crus qu'il le lisait sur ma figure, et je rougis. Mais il n'y fit pas autrement attention et la conversation continua.

En nous séparant, Lafayette m'engagea à aller le voir souvent, et m'invita aux soirées qu'il don-

nait tous les mardis et où, en effet, j'ai assisté
assez souvent. Ces réunions étaient fort intéressantes. On y voyait les hommes les plus marquants
de l'opposition, pairs de France, députés, littérateurs, artistes ; il y venait aussi des anglais, des
grecs, des américains, des quackers, des quacke-
resses, des anabatistes et tout cela formait un ensemble, un pêle-mêle curieux pour un observateur.
J'y ai entendu un jour Benjamin Constant, nous
donner les prémices d'un discours qu'il devait prononcer le lendemain à la chambre. Mais une des
choses qui n'étaient pas les moins curieuses, c'était
de voir là le vieux et brave général Miollis, le
même qui, en 1809 avait été chargé de saisir le
pape au Vatican, pour le faire conduire à Paris.
Il venait à ces soirées fort brillantes en véritable
voisin, en pantouffles et avec une énorme visière
verte qui ne permettait pas de voir le bout de
son nez. Il se promenait ainsi gravement d'un salon
à l'autre, donnant des poignées de main aux personnes de sa connaissance qu'il rencontrait sous
ses pas, et le nombre n'en était pas petit.

Quand la dernière livraison du voyage eut parue,
mon collaborateur et moi, fimes relier les quatre
en un volume, en maroquin rouge, à tranche
dorée, avec ces mots en lettres d'or : *Au héros
des deux mondes ;* puis cette petite dédicace :

      Général,

Un ouvrage que votre nom protège et qui retrace
un des plus grands évènements de notre siècle,

pouvait se passer du mérite de rédaction. C'est
pourquoi nous vous prions d'en agréer l'hommage.

Nos deux signatures.

Le héros des deux mondes accueillit à merveille
cet hommage que nous allâmes lui présenter ensemble, nous accabla de remerciments et nous donna
de nouveau l'accolade. (1)

Le libraire pour qui nous avions écrit cet ouvrage,
avait, comme Anibal, dès sa plus tendre jeunesse,
prêté un serment solennel et qu'il a toujours scru-
puleusement tenu. C'était de ne jamais payer aucun
créancier en général, et particulièrement les hommes de lettres qui auraient l'heureuse chance de
travailler pour lui, Aussi, connaissant l'engagement
qu'il avait pris en face des autels, nous gardâmes-
nous bien de vouloir le faire parjurer, assez remu-

(1) Charles X, devant qui, quelques courtisans s'ex-
primaient un jour d'une manière défavorable sur
Lafayette, leur dit : Je n'aime pas, messieurs, qu'on
parle mal de M. le Marquis de Lafayette ; moi et lui ,
malgré ses torts et ses idées, nous sommès les seuls
qui ayons conservé les manières, les grâces et l'urba-
nité de l'ancienne cour. Il y avait du vrai en cela :
Malgré sa bonhomie et son aimable popularité , le répu-
blicain avait conservé un vernis de la politesse aristo-
cratique.

nérés que nous étions de nos peines, par la reconnaissance et l'amitié d'un grand homme.

Il ne faut pas demander si je vis Lafayette pendant les trois journées de 1830, où, comme un
benet, je combatis et m'exposai à me faire casser
la tête. Mais je l'ai dit, j'étais jeune; on doit me le
pardonner; je ne le ferai plus.

A peine le genéral était-il installé à l'Hôtel-de-
Ville que, couvert de sueur et de poussière, la
figure et les mains noires de poudre, j'allai me
présenter à lui pour lui demander quelques conseils
sur la conduite que j'avais à tenir, car une centaine
de combattants du quartier que j'habitais m'avaient
prié de les commander.

Lafayette parut me voir avec plaisir, me serra la
main, mais eut à peine le temps de m'adresser
quelques mots; il ne savait à qui entendre, à qui
répondre au milieu des nouvelles de la situation qui
lui arrivaient, des questions qu'on lui adressait,
des offres de service qu'on lui présentait, et cela
tout à la fois sans relâche, pendant la journée entière. Mais bientôt la commission s'installa et l'on
put commencer à s'entendre.

C'est la dernière fois que j'ai vu Lafayette; les
jours suivants, dès qu'on put présager l'influence
qu'il allait avoir sur les affaires, la faveur dont il
devait nécessairement jouir, et l'importance de sa
protection, il fut entouré par un essaim compacte
de solliciteurs accourus de tous les coins de Paris,
de toutes les villes et villages de la France. Il ne

m'eut pas été difficile de percer cette cohue, mais
jo no vouluo poo m'on donncr la légère peine, et
laissant presque tous mes amis parvenir à de hautes position, me disposai à reprendre mes occupations littéraires. La chose me devint impossible.
Un libraire pour qui je rédigeais un travail qui
devait être terminé dans l'année et me rapporter
quatre mille francs, devint préfet, et avant de partir pour sa préfecture me pria de ne plus songer
à l'ouvrage; le directeur d'une revue dont la col-
laboration me donnait de cent à cent cinquante
francs par mois devint aussi préfet, et celui qui
le remplaça à la direction prit d'autres collabora-
teurs; quelques journaux auxquels je fournissais
des articles changèrent de propriétaires et je cessai
d'y travailler. Ainsi je déposai la plume comme
j'avais déposé la carabine après les trois journées
de Juillet. C'est tout le bénéfice que m'ont rapporté
les glorieuses.

Avant de quitter Lafayette je mentionnerai une
circonstance où il aurait pû jouer un rôle assez remarquable mais qui n'était pas sans quelque petit
désagrément : On assure qu'aux journées de juin,
à l'occasion du convoi du général Lamarque, un
des insurgés dit aux camarades qui l'entouraient :
« Voulez-vous être surs du succès, tuons vite
Lafayette, promenons son cadavre en proclamant
que le gouvernement la fait assassiner, en criant
vengeance ; dans un instant toute la population,

furieuse , est à nous et bientôt nous entrons en maîtres aux Tuileries. »

Je ne sais pas trop si la chose fut proposée sérieusement, mais je sais que le soir on fit part du projet à Lafayette qui en rit beaucoup et trouva que le moyen en valait bien un autre, mais que toutefois on avait bien fait d'attendre une nouvelle occasion.

Rien de plus bête qu'un Homme d'esprit!...

C'est ce que disent certains individus , et quand ils ont prononcé cette sentence, qu'ils croient de beaucoup supérieure à toutes celles de Salomon, ils enflent les joues , lèvent la tête , se rengorgent et regardent à droite et à gauche , voir si on ne les applaudit pas pour avoir si bien dit , pour avoir trouvé quelque chose d'aussi beau, d'aussi neuf. Et pourquoi ne pas les applaudir en effet ? Pourquoi ne pas leur donner cette petite satisfaction ? Puisqu'ils vous disent en propres termes : je ne suis pas bête , moi, car je ne suis pas un homme d'esprit, tant s'en faut , Il en coûterait si peu de les laisser dans cette idée !

Mais vous ne savez pas peut-être le fond de leur pensée ; le voici : c'est que l'individu qui passe pour avoir de l'esprit n'est apte à aucune des affaires de la vie, qu'il est incapable de soigner ses intérêts, qu'il se laisse aisément duper par le premier venu.

Il est cruel de détromper ces messieurs sur la bonne opinion qu'ils ont d'eux mêmes au détriment de ceux qu'ils veulent bien appeler hommes d'esprit. Mais la chose est si facile et si claire que je ne résiste pas à la tentation.

Un homme d'esprit, il est vrai, ne perdra pas quelques heures de la journée à débattre le prix d'une paire de gants, d'un cruchon de bière ou d'une course en cabriolet, et économiser quelques centimes. Mais quand il voudra se mêler d'affaires, il s'y entendra tout aussi bien et peut-être mieux qu'un sot.

Voltaire a toujours passé pour avoir quelque esprit. Cela ne l'a pas empêché de faire une fortune princière.

On ne refusera pas non plus de l'esprit à Beaumarchais. Beaumarchais, fils d'un horloger assez pauvre parvint à l'opulence et fit construire à Paris un magnifique hôtel. Ce n'était pas déjà si bête.

On peut en dire autant de presque tous les auteurs du 18me siècle. Tous sûrent concilier avec les agréments de l'esprit l'entente des affaires, tous y trouvèrent la fortune. J.-J. Rousseau seul vécut toujours pauvre et souffreteux, mais ce n'était pas un homme d'esprit, c'était un génie.

Choisissons quelques exemples plus près de nous. Nul ne conteste de l'esprit à Alexandre Dumas. En 1828, Dumas occupait dans les bureaux du duc d'Orléans, plus tard Louis Philippe, un modeste emploi de 1500 francs. C'était tout son avoir. Depuis cette époque il a gagné plus d'un million. Comment trouvez-vous ce trait de bêtise? Ne pensez-vous pas que, si au lieu de faire *Antony*, *Angèle*, et les *Mousquetaires*, et toutes ses pièces, et tous ses romans, Dumas s'était voué exclusivement aux affaires, il aurait pu, à force de temps, de patience et de bonne volonté, apprendre le prix des denrées coloniales, l'intérêt des effets sur place, les droits d'octroi sur un kilogramme de farine, et devenir enfin un passable commis ou un assez bon courtier marron? Quant à moi je crois qu'il y serait parvenu. Je pourrais en citer bien d'autres et faire une assez longue liste de gens d'esprit qui ne sont pas aussi bêtes que quelques gens veulent bien le dire. Je me bornerai pour le moment à citer M. Thiers. On peut le lapider si on veut, je ne m'y oppose pas; mais si on le traite de bête, je réclame. Cependant il n'a pas mal fait ses affaires, le petit avocat, qui partit d'Aix avec sa malle dans un mouchoir. Je m'arrête à celui-là; l'exemple est trop concluant pour qu'il soit besoin d'en fournir un plus grand nombre.

Mieux vaut le bon sens que l'esprit disent encore les gens dont je vous parle. C'est possible, messieurs, mais qu'entendez-vous par là, s'il vous plait? Qu'à défaut d'esprit vous avez du bon sens! S'il en est ainsi je vous en félicite; mais peut-être n'avez-vous ni l'un ni l'autre, et il vaut toujours mieux avoir quelque chose que rien.

LOUIS XIV

a entravé les arts et la littérature de son siècle.

J'entreprends une tâche difficile, je le sais. Vouloir refuter une idée émise depuis deux siècles, et pendant deux siècles regardée comme incontestable, c'est avoir de l'audace et une grande confiance dans la cause qu'on adopte. Mais si cette cause mériterait d'être traitée avec plus de talent, elle ne peut l'être avec plus de conviction.

Je ne m'adresse d'ailleurs ni aux hommes routiniers qni, avec une idée préconçue, l'adoptent irrévocablement parcequ'elle a déjà été émise et répétée, ni aux fanatiques qui croiraient manquer aux respects dus à la majesté royale en doutant de son influence sur ce qui l'entoure de près ou de loin. J'écris pour les hommes de bonne foi et sans préventions. Qu'ils me lisent, s'il m'accusent d'erreur je passerai condamnation.

On a dit et chaque jour l'on répète que Louis XIV fut l'unique mobile, le seul promoteur de l'élan prodigieux que prirent la littérature et les arts sous son règne. On semble croire que Corneille, Racine, Boileau, Molière, Fénélon, Bossuet et tant d'autres écrivains, orateurs ou poètes, qui font la gloire littéraire de la France n'auraient pas existé sans celui qu'on appelle le grand roi, et ont été enfantés par son souffle. Je pense qu'il a plus contribué à comprimer cet élan qu'à le favoriser.

Ainsi que Louis XIV a dit : L'état c'est moi ; il disait aussi, avec une conviction intime : La littérature et les arts de mon siècle c'est moi ; et avec les moyens de séduction qu'il avait, avec sa grandeur réelle, avec l'influence exercée par les récompenses et les encouragements qu'il dispensait, cette pensée n'avait pas beaucoup de peine à s'infiltrer dans les esprits, à s'associer au talent des écrivains et des artistes, dont les regards étaient constamment tournés vers l'astre brillant qui éclairait et dominait cette époque. Tout dut prendre un reflet de la grandeur prétentieuse, du faste imposant et de l'étiquette sévère qui caractérisaient la cour. Mais la grandeur et la noblesse ne constituent pas la seule beauté des créations de l'esprit ; le naturel et le vrai sont peut-être plus indispensables encore, et si, dans cette littérature, tout fut grand et noble

tout aussi, sauf de rares exceptions, s'écarta de
la nature et de la vérité.

La langue française était formée avant l'avénement de Louis XIV. Malherbe, Racan, Corneille
et quelques autres, ne parlaient plus le même
idiôme que Marot, Montaigne et Regnier, et laissaient déjà pressentir toute la richesse, toute la
pureté du style des Racine, des Boileau, des
Bossuet et des Pascal. Le siècle de Louis XIV
fut grand parce que l'époque était venue pour la
France de prendre le rang suprême qui devait lui
appartenir à la tête de la civilisation. C'est ce
que dit en propres termes Voltaire, qu'on n'ac-
cusera certes pas d'affaiblir la gloire d'un souverain dont il se montre partout le panégyriste
plutôt que l'historien.

« Le siècle de Louis XIV, dit-il, a donc en
tout la destinée des siècles de Léon X, d'Auguste,
d'Alexandre. Les terres qui firent naître dans
ces temps illustres tant de fruits du génie, avaient
été longtemps préparées auparavant, On a cher-
ché en vain dans les causes morales et dans les
causes physiques, la raison de cette fécondité
tardive suivie d'une longue stérilité : La véritable
raison est que, chez les peuples qui cultivent les
arts, il faut beaucoup d'années pour épurer la
langue et le goût. Quand les premiers pas sont
faits, alors les génies se développent, l'émulation,
la faveur publique prodiguée à ces nouveaux efforts,
excitent tous les talents. Chaque artiste saisit en

son genre les beautés que ce genre comporte... »

Voltaire, *siècle de Louis XIV*.

Ainsi, l'immense développement intellectuel qui se manifesta sous Louis XIV, d'après l'aveu de Voltaire lui même, fut indépendant de la volonté et de l'impulsion du monarque. On ne peut nier, il est vrai, une puissante influence exercée par Louis sur les écrivains de son siècle, mais je suis convaincu que, favorable à leur fortune, cette influence fut presque toujours nuisible à leurs talents. Je pense pouvoir le prouver par quelques exemples :

Deux génies qui s'élèvent au-dessus des littérateurs de tous les âges et de tous les pays, brillèrent d'un éclat particulier au milieu de la foule d'hommes illustres qui parurent à cette époque. On a déjà nommé Lafontaine et Molière. Le premier fut méconnu, on peut même dire méprisé par Louis XIV, à qui il ne dut rien, qu'il ne connut pas, conservant cette précieuse indépendance de pensée et d'action sans laquelle le génie est souvent arrêté dans son essor. Que pouvait il y avoir de commun, en effet, entre le monarque absolu qui voyait tout plier sous ses volontés, qui n'avait de sentiment, de perceptions que pour le faste et l'apparât, et l'homme de la nature, l'auteur dont le talent, sans recherches, sans études, n'était qu'un instinct, qu'une inspiration ? Evidemment, ces deux hommes ne pouvaient ni se connaître ni se comprendre.

Il n'en fut pas ainsi de Molière . Ses mœurs , ses
habitudes , le genre spécial de son talent qui avait
besoin d'observations , devaient le rapprocher de
la cour. Il la vit de près , l'étudia, fut à même de
la juger , et c'est à cette étude que nous devons
quelques-uns de ses chefs-d'œuvre. Mais ses por-
traits les plus vrais et les plus saillants , ses caractères les plus comiques, où les a-t-il pris ? chez
le peuple. Si l'entourage du monarque lui a fourni
les types ridicules et ignobles de quelques marquis,
le peuple lui a donné les types ridicules aussi,
mais non dépravés , des Argant, des Georges Dan-
din , des Sganarelle et des Pouceaugnac. Et
qu'on y fasse attention : les premiers sont des
êtres corrompus, tels que la cour sait les façonner ,
les autres sont des êtres risibles mais honnêtes,
tels que les font les habitudes domestiques. Ainsi,
tandis que M. Jourdain est un marchand ridicule,
madame Jourdain une bourgeoise tant soit peu
grossière, Dorante et la marquise sont deux
filous éhontés. Il en est de même respectivement
de tous les rôles où Molière a mis en regard des
grands et des hommes du peuple. Il doit donc
fort peu de chose à la cour ; que lui doit-il exclusivement ? trois pièces qui déparent la collection
de ses œuvres , trois pièces qu'il composa pour
les fêtes de la cour et dont le sujet lui fut imposé
par le roi. C'est la *Princesse d'Élide* , *les Amants
magnifiques* et *l'Impromptu de Versailles*. A coup
sûr, ceux qui ont commencé la lecture de ces

pièces ne l'ont pas achevée. Et cependant, nous avons vu jouer cent fois, nous avons lu cent fois les chefs-d'œuvre de Molière, ceux qu'il dut à sa seule inspiration, nous les savons par cœur, nous les revoyons toujours avec un nouveau plaisir, tandis que nous regrettons de trouver parmi cette brillante série de beautés, les tâches peu nombreuses mais trop perceptibles qui furent inffligées à l'auteur par sa position de courtisan. Tel fut le résultat de l'influence exercée par Louis XIV sur le plus beau génie de son siècle : deux pièces que Molière eut désavouées sans doute.

L'école romantique a fait deux reproches à Racine : d'abord une diction constamment trop noble, trop élevée, pour être dans les conditions du drame, qui n'exige de ses personnages qu'une expression pure mais naturelle et selon la condition de chacun d'eux; ensuite l'oubli du caractère de ces personnages tels que nous les ont donnés l'histoire ou la mythologie. Le premier de ces deux reproches ne me paraît pas fondé : indépendamment du style si pur, si correct, si doux de Racine, il me semble que les personnages qu'il met en scène s'expriment toujours selon le caractère qu'il leur a donné, et jamais autrement qu'on ne le ferait en belle prose. Est-il, par exemple rien de plus naturel que cette admirable scène où Athalie interroge le jeune Joas :

Comment vous nommez-vous ? —

J'ai nom Eliacin.

Votre père ? —

Je suis, dit-on , un orphelin....

Vous êtes sans parents ? —

Ils m'ont abandonné.

Comment, et depuis quand ? —

Depuis que je suis né , etc.

Peut-on trouver des expressions plus simples , plus convenables, mieux adaptées à la situation des personnages ? Qu'on relise encore, si on ne la sait par cœur, la belle scène où Agrippine reproche à Néron tout ce qu'elle à fait pour lui, et où celui-ci dévoile toute l'ingratitude , toute la noirceur de son âme ; ou plutôt, qu'on relise tout Racine , et de même que dans ce que je viens de citer, on reconnaîtra que ses héros ne disent jamais que ce qu'ils ont pu et dû dire d'après le type sur lequel il les a modelés.

Mais ce type est-il conforme aux mœurs du temps où vivaient ces personnages , aux idées que nous nous en formons d'après les traditions des mythologues et des historiens ? Non sans doute , et c'est ici que je reconnais la funeste influence de Louis XIV et de la cour. Je l'ai dit : le roi ignorait par sa position, par son caractère, les beautés puisées dans le naturel et le vrai ; naturel et ignoble étaient pour lui deux expressions synonimes , et celui qui disait , avec un geste et une inflexion de mépris, en parlant d'un tableau de l'école flamande placé dans son cabinet, qu'on ôte de là ces magots, celui-là ne pouvait comprendre que le but des arts est la copie de la nature, non seulement dans ce qu'elle a de sublime, mais encore dans ses écarts et ses irrégularités. Il ne voyait de beautés que dans l'imitation de la grandeur qui entourait son trône, dans l'observation des convenances sévères de l'étiquette qu'il avait créée, et voilà pourquoi la plupart des auteurs de son siècle, tout en atteignant au sublime, négligèrent le naturel, voilà pourquoi Racine travestit les rudes et grossiers héros des temps antiques en polis et cérémonieux courtisans de Versailles, et qu'il créa, qu'il moléla sur le patron de la cour, le seigneur Agamemnon, le seigneur Achille, le seigneur Mithridate, les dames Phédre, Andromaque, Athalie, et tant d'autres seigneurs et dames qui s'expriment avec une rare élégance d'après nos mœurs, mais avec peu de vérité d'après les mœurs des temps où ils vécurent. Ah ! si l'auteur d'Athalie, fasciné par un brillant prestige nous a laissé tant d'inimitables créations, que n'eut-il pas fait dans d'autres conditions d'existence, dans une position tout-à-fait indépendante ? Son génie eut enfanté des tableaux plus sublimes encore parcequ'ils auraient été plus vrais, et sans doute, à la pureté, à l'harmonie de son style, il eut joint la mâle énergie de Corneille. Mais il ne le pouvait, car une chose lui manqua : l'ignorance

des mœurs de la cour qui lui parurent le beau
idéal. Il les suivit à tel point que dans la série
de ses pièces on peut reconnaître le reflet des
différentes phases de ces mœurs. Dans les premières, telles que *Bérénice*, *Alexandre* et *Andromaque*, l'amour joue un rôle presque exclusif. C'est
qu'alors le maître était amoureux de la senti-
mentale Lavallière, et que son entourage subor-
donnait tout autre sentiment, toute autre préoc-
cupation aux liaisons d'amour, aux intrigues
galantes qui étaient traitées aussi sérieusement
que des affaires d'état d'une haute importance.
Plus tard, quand vint le tour de la Montespan,
Louis mêla à ses faiblesses, à son penchant irré-
sistible pour le sexe, des habitudes plus graves,
et aussi, dans les tragédies de Racine des pensées politiques se mêlèrent aux pensées d'amour;
telles furent *Mithridate* et *Britannicus*. Mais quand
les avertissements de la vieillesse et l'ascendant
de la veuve Scarron eurent conduit le prince
aux idées religieuses, Racine enfanta *Esther* et
Athalie. Le sujet de la première de ces pièces
lui fut imposé, on le sait, par la favorite,
et l'auteur en tira tout le parti que son talent
pouvait lui permettre. Il fit, comme il savait toujours faire, d'admirables vers, mais un ensemble
composé de caractères faux et d'événement in-
vraisemblables.

Quant à *Athalie*, je ne sais si on l'a dit avant
moi, mais il me semble qu'au milieu des beautés

qui font de cette pièce un des chefs-d'œuvre de la
scène, on peut apercevoir une légère tâche. Le
zèle religieux du grand prêtre Joad n'est-il pas
poussé jusqu'au fanatisme, jusqu'à un fanatisme
trop exalté, trop féroce même, j'oserai dire? Ne
s'exprime-t-il pas avec une véhémence, une fureur qui sont bien, il est vrai dans le caractère
du peuple juif à cette époque, mais qu'on n'aime pas à voir sortir de la bouche d'un prêtre
du seigneur? Cette haine implacable, cette soif
de vengeance et de meurtre ne jette-t-elle pas
quelque intérêt sur le personnage d'Athalie, ce
qui, dans les règles du drame est une imperfec-
tion? Mais pourquoi s'étonner de ce caractère
donné au grand prêtre? la guerre civile et reli-
gieuse des Cévennes, déployait alors toutes ses
fureurs, c'était alors que des prêtres, la croix
d'une main, le glaive de l'autre, à la tête des
troupes, leur disaient: exterminez tout, incen-
diez les habitations, mettez le feu aux moissons,
ne laissaient de traces de l'hérésie, ni parmi les
populations, ni parmi les objets matériels; que
tout périsse ou pense comme nous; et Racine
se conforma aux idées du temps en faisant parler
Joad comma parlaient Chamillard et les légats
qui commandaient les dragonnades.

Après avoir cité les trois plus beaux génies du
siècle de Louis XIV, il ne me serait pas difficile de
démontrer que Boileau, qui est notre premier ver-
sificateur, aurait pû être notre premier poète si,

au lieu de suivre ses propres inspirations, il ne se fut pas trop pénétré de celles de la cour, s'il n'eut pas consacré presque exclusivement son talent à de basses flagorneries qui dégéneraient quelquefois en naïvetés, telles que celle-ci, par exemple, à propos du passage du Rhin :

Louis, les animant du feu de son courage,
Se plaint de sa grandeur qui l'attache au rivage.

Charles XII, Pierre le grand, Frédéric de Prusse, Gustave Vasa, Napoléon et d'autres que je pourrais citer, avaient bien aussi quelque grandeur, et non jamais pensé que cela fut une condition indispensable pour se tenir loin des coups.

Ce qui précède peut s'appliquer à tous les écrivains, prosateurs ou poètes qui marchent après ceux que je viens de citer.

Mais comment ces auteurs auraient-ils pu se soustraire à l'influence de l'atmosphère enchantée qui les enveloppait, qui absorbait tous leur sens, toutes leurs facultés? Sans doute des voyages, l'aspect d'autres climats, l'étude d'autres mœurs, leur auraient suggéré d'autres idées, plus variées, plus neuves et plus mâles ; sans doute les sites gracieux ou sauvages de la Suisse, de l'Italie et de la Grèce auraient pû retremper leur talent, jeter surtout un coloris de localité sur les tableaux de la scène. Mais la vie de Paris et de Versailles, les habitudes de courtisan étaient trop douces pour qu'on put songer aux voyages. Les limites du monde étaient pour ces littérateurs à l'horizon de Versailles, et leurs pinceaux devaient se consacrer exclusivement à la peinture de ce qu'ils voyaient.

On ne manquera pas de me parler sans doute des magnifiques récompenses accordées par le souverain et ses ministres aux hommes de lettres et aux artistes; mais on sait avec quel discernement ces faveurs étaient dispensées ; on n'ignore pas que Cotin était *le mieux renté de tous les beaux esprits*, que Cassagne et Lasserre étaient mieux traités que Racine et Boileau, et on en conclura qu'une générosité exercée de la sorte était beaucoup plus propre à décourager qu'à enhardir le mérite.

Louis XIV aimait, dit-on, les lettres et les arts. C'est fort heureux vraiment, car malgré cette haute protection, malgré cet amour pour les conceptions de l'esprit, Fénélon se vit en disgrace, Lafontaine fut méprisé, Racine renonça à la scène et mourut de chagrin par suite d'un propos offensant prononcé par le souverain; Descarte fut obligé de s'exiler et d'aller abriter sa science dans une cour étrangère ; Fabert, dénonçant les misères du peuple ne put être écouté, et enfin une foule d'hommes d'esprit et de savoir, de nombreux artistes de mérite se virent contraints de quitter la France d'où les chassait la révocation de l'édit de Nantes. Que fut-il donc arrivé de plus néfaste si le monarque eut été l'ennemi des lettres et des arts?

Si l'on m'accusait d'avoir voulu, par ce qui précède, amoindrir la gloire du grand siècle, la réponse serait facile à donner. Non, dirais-je, cette gloire, j'ai voulu l'accroître, en démontrant qu'elle appartient tout entière et sans partage à la génération de cette époque, et non à un seul homme, comme on la dit tant de fois et comme quelques individus le croient encore.

SOUVENIR DE L'EMPIRE.

Il n'est pas un ancien militaire, ayant servi
dans les armées impériales qui ne se rappelle l'ancien commandant de place d'Alexandrie en Piémont.
La vie et les habitudes de cet homme n'étaient
pas une des choses les moins bizarres de cette
période, en même temps si féconde en grands
événements et en circonstances singulières. Il cou-
rait sur son compte une foule de bruits, tous
plus extraordinaire les uns que les autres. Il avait,
disait-on, crié sauve qui peut à la bataille de
Marengo ; l'empereur ne pouvant cependant, vû
son rang de lieutenant-général, se dispenser de
lui accorder la croix d'honneur, la lui avait donnée par derrière, en lui tournant le dos. On
ajoutait que la place d'Alexandrie était en même
temps, pour lui un poste de commandant, et
un lieu d'arrêt d'où il lui était sévèrement in-
terdit de sortir.

Tous ces bruits là n'étaient que des propos de soldats peut-être, mais ce qui n'était que trop réel c'était la rudesse et la sévérité de cet homme, sévérité extrême, atroce, même dans une place de première ligne, toujours encombrée de garnison et de troupes de passage, allant à la grande armée ou en revenant.

Jamais créature vivante n'a vu rire le commandant d'Alexandrie. Sa figure impassible n'a jamais trahi aucune émotion, et il disait, je ne pardonne jamais, comme nous disons, je mets mon chapeau ou j'ôte mes gants ; mais sur cette physionomie de marbre, on voyait bien, en effet, qu'il ne pardonnait pas, et le reste de son physique, de son costume, inspirait une espèce de terreur dont on n'était pas maître. D'une taille au dessus de l'ordinaire, et gros à proportion, il était constamment en grand costume, il couchait avec l'uniforme et l'épée au côté, à ce que disaient les soldats. Cet uniforme se rattachait par sa coupe, par la poudre et les aîles de pigeon que portait le général, aux souvenirs de l'ancien régime. Une petite queue, épaisse et courte, assez semblable, pour la forme et la couleur, au hideux lézard qu'on appelle en provençal une *tarente* (le *Gecko africana* des Naturalites), traçait par ses balancements un cercle blanc sur le derrière du collet brodé et le commencement de la taille. Ainsi fait, le général se promenait du matin au soir dans tous les coins de la ville, et les soldats

de fuir, de se cacher à son approche, car une
agraffe mal mise, un schackot placé de travers
étaient l'équivalent de quinze à vingt jours passés
aux cachots de la citadelle. On ne concevait pas,
au surplus, qu'Alexandrie put exister sous le commandement de tout autre. La place et l'homme
semblaient n'en faire qu'un, et avoir été créés
l'un pour l'autre.

Mais si toute l'armée connaissait ce général,
si tous les vieux soldats qui ont survécu à tant
de fatigues et de batailles, se le rappellent encore,
que dire de son adjudant *Côtelette*, espèce d'il-
lustration dont le souvenir vivra aussi longtemps
que le souvenir de nos longues guerres. Quel
était le véritable nom de cet homme? Nul ne le
sait sans doute, mais ce sobriquet de *Côtelette*,
dû peut-être à la taille longue et efflanquée de
celui qui le portait, peut-être aux trente-six
sardines en or qui garnissaient son uniforme,
était aussi familier à nos régiments, que le nom
de Napoléon. *Côtelette* était fait pour son général,
comme le général était fait pour la place. Une
activité plus qu'ordinaire n'eut pas suffi dans un
adjudant attaché au commandant d'Alexandrie;
il fallait un homme que la providence eût fait
exprès, et *Côtelette*, disait-on, ne dormait que
quand son général riait. Il mangeait, buvait en
marchant, on croyait le voir en même temps dans
dix endroits a la fois, tant il savait marcher vite
et se multiplier.

Les choses allèrent ainsi depuis la bataille de Marengo jusqu'à la première invasion, et Dieu sait combien de malheureux, pendant ces quatorze ans, ont été fusillés pour des fautes qui, dans tout autre lieu et sous tout autre chef eussent été punies peut-être par un mois de cachot.

Le général rentra en France, fut présenté à Louis XVIII qu'il appelait son maître, de même qu'il disait quelques mois auparavant : Sa majesté l'empereur et roi, et reçut le commandement d'une division militaire, toujours accompagné par son fidèle Côtelette. Il fut confirmé dans ce poste par Napoléon, au retour de l'île d'Elbe, et maintenu par Louis XVIII au retour de Gand. Cette fois pour le coup, il dût redoubler de zèle et de dévouement.

ESQUISSE BIOGRAPHIQUE.

Il est des êtres que la nature semble se plaire
à produire de temps à autre, pour montrer jusqu'à
quel point peuvent aller ses caprices, jusqu'où
peuvent s'élever les excentricités de l'esprit hu-
main, soit dans ce qu'il a de plus brillant,
soit dans ses plus originales aberrations. Ces
êtres là n'appartiennent à aucune classe; ils
sont uniques et par cette singularité méritent
les regards de l'observateur. C'est ce qui ma porté
à tracer jadis, et à reproduire aujourd'hui quelques mots sur un homme dont la vie fut toujours
pour moi un problème.

Le nommerai-je cet être indéfinissable, si mul-
tiple et dont le caractère échappe à toute appré-
ciation? Sans doute, si je me borne à rapporter
quelques traits de son existence exceptionnelle,
son nom viendra aussitôt aux lèvres de ceux qui,
comme moi l'ont connu et qui peuvent rendre

justice à l'exactitude de mon récit. Ils sont nombreux encore, et presque tous occupent des positions éminentes ou se sont fait un nom plus ou moins connu, soit dans les lettres, soit dans l'administration, soit dans nos débats politiques. En effet, l'homme dont je vais tracer un portrait imparfait peut-être, mais d'une ressemblance assez approximative, appartenait à une génération de jeunes étudians à Aix qui, je crois, ne ressemble à aucune autre par le nombre des natures intelligentes qu'elle a données au pays. Il me suffira, pour prouver cette assertion, de citer parmi les noms de cette jeunesse d'élite, quelques noms que les contemporains ont assez souvent entendu prononcer. pour que la mention que j'en fais ne reçoive pas de démenti.

Je citerai au hasard ceux de MM. Thiers et Mignet, dont il serait inutile d'énoncer les titres; Victor Augier; Teulon, président de la cour impériale de Nîmes; Barbaroux, ancien procureur général, actuellement conseiller d'état; Magallon. connu par son *Album*, l'une des publications les plus énergiques contre la restauration, et qui attira à l'auteur d'ignobles et odieuses persécutions; Barginet, auteur de quelques romans historiques retraçant les gloires et les malheurs de l'empire; Laurent de l'Ardèche, auteur d'une succincte, mais excellente histoire de Napoléon; Urtis qui nous a donné un écrit plein d'observations judicieuses sur la peine de mort, et une foule d'autres qui échappent à ma mémoire, mais qui tous, se sont montrés, comme on dit, hors ligne.

Et parmi eux se trouvait Charles Ducamp, puisqu'il faut enfin me décider à révéler son nom, Charles Ducamp qui se fesait remarquer par une imagination plus vive encore, par des dispositions plus précoces et présageant un bel avenir, mais aussi par une incohérence d'idées, des excentricités annonçant une vie agitée et peut-être désordonnée.

C'est seulement cette dernière partie de ce qu'on pouvait augurer de la carrière de Ducamp qui s'est réalisée; car c'est une triste et pittoresque histoire que la sienne. Je vais la résumer, lecteur, pour votre enseignement. Peut-être un jour pourrez-vous rencontrer, non pas une organisation pareille à celle-là, la perfection dans aucun genre ne se produit qu'à de longs intervalles, mais seulement quelques chose d'analogue. Ce sera déja assez pour faire votre désespoir et dérouter toutes vos idées.

Ducamp, c'est comme une de ces syrènes des temps héroïques, dont le chant endormait toutes les douleurs, inspirait toutes les émotions, et qui vous attiraient irrésistiblement dans de gouffres accessibles seulement à elles, écueils funèbres pour tous les autres. Ducamp, c'est à la fois l'inspiration sublime de Chenier, la grâce débraillée de Gondi, l'esprit de Voltaire passé à l'indulgente philosophie de Philinte, le goût exquis de Bernardin de Saint-Pierre, la décence de Fénélon, l'orgie de Vadé, le cynisme de Chodruc Duclos.

Si Beaumarchais avait connu Ducamp, il eut brisé sa plume et n'eut pas créé Figaro, personnage incomplet comparé à Ducamp, car il lui manquait la naïveté dans les relations de la vie, le calme après l'action bonne ou mauvaise, la candeur dans le mal comme dans le bien ; Figaro n'était qu'un ingénieux brouillon, Ducamp était la double incarnation du démon et de l'ange. C'est au point que moi-même, et tous ceux qui l'ont connu partagent mes doutes à cet égard ; j'hésite sur la véritable trempe de son génie ; je me demande si je dois le classer dans la variété des dupes ou dans celle des fripons, dans la catégorie des victimes ou dans celle des oppresseurs. Et il y a trente ans que durent mes doutes.

Tout était harmonie en lui : jeune encore il faisait des vers charmants dont pas un n'a vu le jour ; composait de délicieuses musiques qui n'ont jamais été reproduites ; déclamait aussi bien que Rachel et Talma ; professait, aux acclamations de la foule, de suaves leçons de littérature, et pas un livre sérieux ne porte son nom. Il savait tout et rien ; n'avait pas un grain de vanité et chacun l'écoutait en oracle et lui laissait sans contestation la première place. Il compromettait et ruinait ses amis sans qu'ils cessacent de lui être fidèles. Quelques hommes commencent par la prodigalité et finissent par les expédients ; sa vie entière à lui, fut un long expédient toujours admirablement improvisé à propos, et dans la complication duquel l'invention ne fut jamais en défaut.

Mêlé à de hautes intrigues politiques, il avait, par une apparence de profonde loyauté, acquis la confiance de puissants souverains, sans avoir su jamais garder un de leurs secrets.

Il aimait les femmes avec un innocent abandon, sans arrière pensée, les trompait sans orgueil, les deshonorait sans émotion. Il en est plus d'une qu'il a frustrées dans leurs intérêts de fortune et déçues dans leurs affections. Je puis citer dans ce nombre madame Desbordes Valmore et la jeune et intéressante Élisa Mercœur. Mais toutes, je le crois du moins, lui ont pardonné.

Placé à un dégré plus haut dans l'échelle sociale, et s'il l'eut voulu, Ducamp eut été le premier diplomate de l'Europe, à un dégré plus bas, le plus habile ou le plus avili des saltimbanques. Génie avorté comme tant d'autres pour n'avoir pas su ou n'avoir pas pu se fixer, il a erré long-temps des lambris dorés des maisons princières, à la sombre et fétide mansarde, et a fini par mourir dans un hospice, de misère comme Malfilatre, de folie comme Gilbert.

L'esquisse imparfaite du portrait qu'on vient de lire paraîtrait sortir peut-être du caractère de la vérité si je ne la complêtais par quelques circonstances de la vie de Ducamp, qui pourront donner uue idée de tout ce qui m'a échappé dans cet apperçu.

Quand j'ai dit qu'il avait erré des lambris dorés à la mansarde, sur ce dernier point je me suis oublié et j'ai été en dehors de la réalité, car une fois en sa vie, Ducamp n'eut pas même le plus modique toît pour s'abriter. Voici quand et comment :

Un an après la restauration de 1815, Ducamp fut le premier à dénoncer à la France, dans une brochure, les crimes qui avaient suivi cet événement, le meurtre du maréchal Brune, et les nombreux assassinats commis dans le Midi. C'était alors le commencement de ce système de bascule dont le ministère de Cazes fit un si fréquent emploi. Le jeune écrivain fut récompensé de son courage par un poste de procureur du roi en Corse. C'était un joli début, et qui, joint à un grand talent promettait un bel avenir et présentait en perspective la simarre de garde des sceaux. Mais Ducamp était-il homme à songer à l'avenir et à se tenir à son poste ? Non sans doute, aussi, bientôt harcelé, poursuivi par les créanciers qu'il avait su faire des son arrivée, sans leur dire adieu, sans prendre congé des membres du parquet, il abandonna son siége et se rendit à Paris. Là, pendant quelque temps, sans abri, sans ressource, il vécut comme il put et je ne sais comment ; j'ai connu cependant une particularité de cette courte mais pénible existence, et la voici :

Un jour, il passait la soirée dans une maison

voisine du jardin des plantes, où il était reçu,
il parla littérature, histoire, poésie, politique,
législation, et se fit écouter comme on l'écoutait
toujours, avec cette attention qui commande le
silence et ne permet pas d'interruption. Cependant
la soirée se termina et Ducamp, sorti le dernier
de tous, fut accosté à la porte par un jeune homme
qui lui dit : « Monsieur, je vous ai entendu avec
tant de plaisir que je me hasarderai à vous demander une faveur. Ce serait de vous accompagner
jusques chez vous, pour jouir le plus longtemps
possible de votre conversation. — Volontiers, lui
dit Ducamp, mais je vous préviens que tourmenté
de coliques, j'ai l'habitude, pour les dissiper, de
faire une très longue promenade avant d'aller
me coucher. — Ah ! mais c'est une bonne for-
tnne pour moi. Vous me permettez donc de vous
suivre dans cette promenade. — Sans doute,
venez. »

Ils descendirent alors la rive gauche de la
Seine, tout doucement, tout lentement, s'arretant
de temps à autre quand le sujet devenait intéressant,
et Ducamp parlant toujours et toujours ravissant
son auditeur. Arrivés au bout de deux heures
au pont d'Iena, ils le traversèrent, remontèrent
de la même manière le fleuve jusqu'au pont d'Aus-
terlitz, qu'ils traversèrent encore, redescendirent
par la rive gauche, et finirent par se trouver au
pont Neuf. Pendant cette longue pérégrination
le jour s'était fait sans que le jeune homme s'en

fut apperçu et se fut ennuyé un seul instant. Comme ils passaient devant un marchand de vin, il se hasarda à offrir un modeste déjeuner à Ducamp qui l'accepta. Après le déjeuner on alla faire un tour au jardin du Luxembourg où Ducamp s'étendit sur un banc et s'endormit. Le jeune homme, respectant son sommeil, le laissa, et j'ignore s'il a eu l'occasion de le revoir depuis, mais ce dont je suis bien certain, c'est qu'il a conservé de cette nuit, un souvenir durable et qui ne doit pas être sans charmes.

Je ne crois pas exagérer en affirmant que Ducamp a laissé en mourant plus d'un million de dettes ; mais ce que je crois encore, c'est que tous ses créanciers répartis dans tous les coins de l'Europe, loin de lui en vouloir, s'il revenait au monde, seraient disposés à lui prêter de l'argent ou à lui faire crédit, pourvu du moins, qu'ils consentissent à l'entendre pendant quelques instants. Et pour le prouver, je n'ai qu'à citer le fait suivant :

Ducamp se rend un jour chez un de ses créanciers qu'il trouve au lit et qui le reçoit en vrai créancier, la colère aux yeux et les reproches aux lèvres. Vous venez sans doute m'apporter de l'argent, lui dit-il? Non, dit Ducamp, je n'en ai pas, mais je viens vous demander un service. — Un service à vous ! je ne vous en ai que trop rendus et j'en suis dupe. Laissez-moi tranquille si vous n'avez pas autre chose à me dire. —

Pardon, mon cher créancier, j'ai autre chose à vous dire : Ce que je vous demande est très facile et ne vous coûtera rien ; je viens tout simplement vous prier de me brûler la cervelle. — Allez vous promener, et si vous êtes fou portez vos folies plus loin. — Je ne suis pas fou et parle très-sérieusement. Voyez-vous, je suis fatigué de la vie et n'ai pas la force de m'en défaire. Vous m'en voulez, je le sais, et peut-être n'avez-vous pas tort ; eh bien, donnez moi un coup de main dans cette opération, et nous serons contents tous les deux.

A une proposition aussi bizarre, aussi peu attendue, on ne pouvait répondre que par un éclat de rire. C'est ce que fit le créancier, et Ducamp n'obtenant pas d'autre résultat lui dit : « Puisque vous ne voulez pas me brûler la cervelle, levez-vous, habillez vous, et donnez moi à déjeuner. »

A cette seconde proposition, il n'y avait rien à faire de plus aussi que d'accepter. Le créancier se leva, s'habilla, et fit servir un copieux déjeuner. Avant le café, et sans désamparer, Ducamp, avec sa faconde ordinaire, lui fit comprendre les avantages qu'il y aurait à établir à Paris une agence d'affaires qui, dirigée par un homme habile, actif, connaissant les lois, ne pourrait manquer de s'élever au-dessus de tous les autres établissements du même genre, et de réaliser en quelques années une immense fortune.

Le créancier se laissa séduire ; bien d'autres l'auraient fait comme lui. Il loua un fort beau local à la rue Saint-André des Arts, le meubla avec luxe, y installa Ducamp, mais eut assez de prudence cependant pour ne lui confier aucuns fonds, lui laissant toute liberté de s'en procurer par les affaires nombreuses, par la foule des clients qui, suivant ses promesses devaient affluer à ce bureau.

Deux jours après son installation à cet établissement qui devait produire des millions, j'allai le voir avec Achille Roche (1). Il était avec deux clients, et leur disait : L'affaire qui vous intéresse est terminée ; c'était quinze mille francs que vous vouliez emprunter sur bonne hypothèque ; j'en ai douze mille dans un tiroir du secrétaire que voilà, tout a l'heure on va m'en apporter trois

(1) Achille Roche, homme d'esprit et de cœur était rédacteur en chef du *Journal de Paris*, dont ses articles avaient fait le succès. Condamné en 1830 à neuf mois de prison, pour la publication des mémoires du conventionnel Levasseur de la Sarthe, il fut rendu à la liberté par la révolution de Juillet. En 1834 il mourut, jeune encore, à Moulins où il rédigeait le *Patriote de l'Allier*. Au retour du convoi funèbre, auquel avait assisté la population presque entière de la ville, on organisa, séance tenante, une souscription dont le produit se trouva suffisant pour assurer une pension à la veuve et pourvoir à l'éducation d'un enfant. Le beau caractère de Roche ne méritait pas moins que cette preuve d'estime et d'affection.

mille que j'ai prêtés à un ami de la main à la main. Ainsi, vous pouvez venir demain matin, quand vous voudrez, pour recevoir vos quinze mille francs.

S'interrompant un moment, et avant que les clients fort satisfaits se fussent retirés, il nous prit, Roche et moi, par un bouton de la redingotte, nous tira dans l'embrasure d'une fenêtre, et nous demanda, « quel est celui de vous qui a une pièce de cent sous à me prêter? » Roche mit la main au gousset et lui donna les cent sous : n'oubliez pas, s'il vous plait, qu'il avait douze mille francs dans son secrétaire.

Le laisser aller, la complaisance du créancier qui se préta si complaisamment aux projets de Ducamp peuvent paraître surprenants, mais ne le sont pas pour moi : j'ai vu bien d'autres individus, justement irrités contre Ducamp, lui faire bonne mine, lui témoigner affection et sympathie, après un quart d'heure de conversation.

Faut-il raconter d'autres histoires? Je n'ai qu'à choisir entre des récits burlesques, des scènes bouffones, ou des aventures dramatiques. Voici la première qui se présente à mon souvenir.

Ducamp, après différentes courses, se trouvait momentanément à Francfort. Il y était vu et reçu comme partout le fesaient recevoir son talent et son amabilité ; mais surtout, avec plus d'affection et d'intimité, dans une maison riche et puissante. Il y avait là une demoiselle jeune et novice encore.

Lui faire la cour et s'en faire aimer ne fut pour Ducamp que l'affaire de quelques jours. Cet amour mutuel prit bientôt des proportions colossales et devint une véritable passion, à l'insu des parents qui ne s'en doutaient pas.

Mais un jour Ducamp, venant faire sa visite habituelle, apprit que la jeune personne avait disparu depuis la veille, qu'on l'avait cherchée partout sans obtenir le moindre renseignement, et que sans doute elle avait été enlevée ou par un amant dont on ne pouvait soupçonner l'existence, ou par quelque insigne malfaiteur.

Exprimer la douleur, le désespoir de Ducamp à cette funeste nouvelle est chose impossible. Il versa des larmes, poussa des cris, s'arracha quelques cheveux, et n'interrompit ses lamentations que pour alléger, par quelques paroles de consolation, les chagrins de la famille, chagrins moins poignants que les siens. Il promit de mettre tout en œuvre, de visiter toutes les maisons de Francfort l'une après l'autre, toute l'Allemagne et l'Europe entière s'il le fallait, pour trouver la trace de la jeune personne cause de tant d'inquiétudes et de tant de larmes.

Le lendemain, toute la police de Francfort fut sur pied, et Ducamp, qui, dans cette circonstance ne s'épargna pas, se mit à sa tête, guida toutes ses démarches, toutes ses investigations, mais ce fut en vain; ou finit par avoir la douloureuse pensée que la personne, objet de tant de recherches n'était pas à Francfort et Ducamp, continuant son rôle consolateur auprès de la famille, faisait toujours espérer qu'un hasard heureux viendrait enfin éclairer ce mystère, ou que lui-même, à force de nouvelles démarches en parcourant les états voisins, parviendrait à le pénétrer.

Les choses en étaient là et on commençait à perdre tout espoir, quand un ami de la famille, se promenant aux environs de la ville, apperçut dans une maison ecartée, et crut reconnaître, derrière une vitre, la jeune personne enlevée. Sans perdre temps, il courut communiquer ses soupçons et bientôt la maison indiquée livra la fugitive, immédiatement ramenée au toit paternel. A qui appartenait cette maison, ou du moins quel en était le locataire? Le locataire n'était autre que Charles Ducamp, qui avait enlevé la jeune personne, vivait avec elle depuis plusieurs jours, et avec la perfection qu'il mettait à tout, avait joué l'inquiétude et le désespoir.

Ajouterai-je quelque chose encore à ce qu'on vient de lire? A quoi bon? Il aurait fallu une observation plus suivie, un tout autre talent que le mien, pour peindre dans toute sa réalité une organisation aussi singulière. Il faudrait aussi des volumes pour raconter tous les incidents de la vie de Ducamp; tous ceux qui l'ont connu le savent fort bien. Un jour, comme nous sortions de dîner à l'Hôtel des Empereurs, Alexandre

Dumas, Méry et moi, le nom de Ducamp tomba par hasard au milieu de la conversation. Mes amis, s'écria Méry, avec sa vivacité ordinaire. ne prononcez pas ce nom là, il est tard déjà, et si nous entamions un pareil chapitre , nous serions encore ici demain matin, et bien certainement, le soir nous n'aurions pas fini.

Je ne résiste pas cependant, au désir de rapporter encore un trait, un seul, et ce sera le dernier, pour prouver l'inconstance, la légéreté du caractère de cet homme, qui faillit me faire couper la gorge avec Rabbe dont j'aurai occasion de parler bientôt :

J'écrivis, à la chûte du ministère Villèle, une biographie de la nouvelle chambre des députés. Roche me fit trois ou quatre articles, et dans celui qu'il rédigea, pour un député des Bouches-du-Rhône trouva moyen, à mon insu, d'insérer quelques phrases injurieuses pour Rabbe.

Allant corriger les épreuves, en compagnie de Ducamp, je vis ce passage et le fis supprimer. Que fit cependant mon Ducamp ? il courut tout droit chez Rabbe, lui récita les phrases en question, lui dit qu'elles paraîtraient dans la biographie, et que j'en étais l'auteur. Irascible et furieux comme l'ouragan, Rabbe vint me demander réparation par les armes et me proposa pour le lendemain un duel que j'acceptai sans donner aucune explication et où, naturellement, j'appelai Roche comme témoin. C'était alors le bon temps des duels :

on se battait tant qu'on voulait sans que cela
tirât à conséquence, Rabbe avait avec lui Ducamp.

Arrivés sur le terrain, l'auteur des phrases
qui nous y amenaient conta la chose comme elle
s'était passée, ajoutant que non seulement ce n'é-
tait pas moi qui avais écrit ce passage qu'il prit
sur son compte, mais que de plus je l'avais fait
effacer aussitôt que j'en avais eu connaissance.

La figure déjà bien laide et cicatrisée de Rabbe
devint pourpre. Tournant toute sa fureur contre
Roche, il voulut, pour le tuer, m'arracher l'épée
que je tenais déjà en main. Roche avait de la
bravoure; il appartenait à une opinion qui n'en
a jamais manqué. Mais c'était un grand enfant,
n'y voyant pas à quatre pas devant lui, et de sa
vie n'ayant touché une arme, tandis que Rabbe
était un bretteur déterminé et en avait donné de
nombreuses preuves aux dépens de ceux qui avaient
eu maille à partir avec lui, entr'autres Jacques
Coste, ancien gérant du journal le *Temps*.

Ce ne fut qu'en faisant appel à sa générosité,
en exaltant sa bravoure que nous lui fîmes comprendre ce qu'il y aurait de peu honorable à se
battre contre un homme pour ainsi dire sans défense. Il se rendit cependant et nous nous sépa-
râmes non sans qu'il me témoignât, en termes
chaleureux, ce qu'il voulut bien appeler ma loyale
conduite. Je ne trouvais moi, dans cette conduite,
rien que de fort simple, et nous n'en fûmes pas
meilleurs amis pour cela.

Mais pour en revenir à Ducamp, pour en finir avec lui, croit-on qu'il avait eu la plus simple pensée des résultats que pouvait avoir son indiscrétion? Ah! oui; a-t-il, de ses jours, prévu les conséquences de ses propos? il s'en serait apperçu peut-être s'il eut vu l'un de nous tomber sur le terrain, il eut désiré pouvoir le rendre à la vie en donnant la sienne, mais à coup sûr un quart d'heure après il eut tout oublié.

ORIGINE

DES BANQUES D'ÉCHANGES.

Un homme s'est présenté, en 1828, ayant une de ces idées qui bouleverseraient la face du monde si elles avaient le moindre sens commun. Cette idée, on en a, bien à tort, fait honneur à M. Proudhon qui n'en a pas eu la première inspiration. Elle appartient tout entière à un nommé Moissel que j'ai vu de très près, que j'ai particulièrement connu, qui est plein de vie et de santé, et disposé à vous faire part de sa découverte pour peu que vous y teniez. Elle consiste à bannir le numéraire de toutes les transactions sociales, à ne faire que des échanges. Produits de l'industrie, produits de l'intelligence, tout doit se traiter de gré à gré, et par échange: Une valse jouée sur le violon, contre une paire de chaussettes ; un article de journal, contre une paire de bottes ; un vaudeville en un acte, contre une redingotte, et ainsi de suite.

5

Moissel avait une antipathie invincible contre le numéraire, soit en or, soit en argent, soit en billon. La vue d'une pièce de cinquante centimes lui donnait des nausées; celle d'une pièce de cent sous, lui causait une indigestion, et quand par hasard il appercevait au Palais Royal ces piles d'or que les changeurs étalent aux devantures de leurs boutiques, il était obligé de se faire saigner. J'ai présumé depuis que cette étrange aversion des pièces d'or et d'argent provenait peut-être de leur absence dans la bourse de Moissel.

Quoi qu'il en soit, Moissel fit appel à toutes ses connaissances pour les inviter au renoncement de cette peste qu'on appelle numéraire. Il me rencontra et m'invita à être des siens. Curieux de mon naturel, assez peu occupé pour le moment, je voulus voir ce qu'était cette nouvelle invention qui me parut singulière au premier coup d'œil, et je consentis.

J'offris mes services comme traducteur de l'Anglais et de l'Italien, comme à même de faire un cours et de donner des leçons de ces deux langues. Ces offres furent acceptées, et dès le lendemain, Moissel me donna à traduire en Anglais, un prospectus de sa méthode, ou il exhalait tout son mépris pour les écus, et engageait tous ceux qui en avaient à les jeter bien vîte à la rivière. Je ne crois pas que ces conseils aient été suivis.

Je reçus de plus quatre élèves à qui j'enseignai l'Anglais, à raison de vingt francs par mois chacun, en marchandises, bien entendu, l'infàme, numéraire étant banni de notre association.

Quand je crus avoir gagné pour la valeur de quatre à cinq cents francs environ, j'envoyai ma femme de ménage avec un billet, pour demander qu'on me fit parvenir un hectolitre de bon vin. Elle m'apporta pour réponse qu'il n'y avait pas de vin, mais que si je voulais apprendre à jouer de la clarinette on me donnerait un excellent professeur. Je n'avais pas de goût et j'ai la poitrine trop faible pour cet instrument. Je renvoyai la femme de ménage, demander du drap pour faire un caban; il n'y avait pas de drap non plus.

Je me décidai à aller voir moi-même ce qu'on pouvait me donner. Nons n'avons presque rien pour le moment, me dit Moissel; les affaires vont si vite que nous avons débité ces jours-ci tout ce que nous avions en magasin. Mais voulez-vous que je vous donne un bon conseil, un conseil d'ami, apprenez à jouer du cornet à piston. C'est un instrument très à la mode, et nous avons un ancien musicien de la garde royale qui fait d'excellents élèves en quelques mois. Je suis sûr que vous deviendrez de première force, car je vous crois des dispositions.

Puisque vous n'avez pas autre chose à me dire, lui répondis-je, adieu, et conservez un peu de bon sens s'il vous en reste encore. Je m'en allais, mais je n'étais pas à la porte, qu'il me saisit par le bras, me retint et me dit : « Attendez, homme obstiné, puisqu'il vous faut des objets matériels, on vous en donnera. » Il prit dans une assez grande boîte, avec le pouce et l'index de la main gauche, une ficelle au bout de laquelle pendait par la tête un pantin en carton. Il saisit entre les jambes de ce pantin une autre ficelle, et me le fit gigoter devant les yeux. Qu'est-ce que cela veut dire, lui demandai-je? — comment! vous ne le comprenez pas. — Pas le moins du monde. — Tenez, regardez dans cette boîte; il y a là deux grosses de ces pantins, c'est-à-dire deux cent quarante huit, tous aussi bien confectionnés que celui-là. — Eh bien, aprés? — Après, je vais vous les donner, vous les vendrez, c'est d'un débit sûr, prompt et facile. Nous les avons eus pour des allumettes phosphoriques échangées contre des leçons de danse, et je vous les abandonne. Vous ne vous plaindrez plus, j'espère. Il prit la boîte, la plaça sous mon bras, et de crainte qu'elle ne tombât, assujettit bien le bras contre mon corps.

J'emporte vos pantins, lui dis-je, et je les garderai, car si jamais je pouvais oublier jusqu'où vont la fureur des utopies, les aberrations d'un esprit malade, je n'aurais qu'à les regarder pour m'en souvenir. Adieu, cherchez un professeur et un traducteur d'anglais et d'italien.

J'ai encore les deux cent quarante-huit pantins. Si un de mes lecteurs désirait en avoir une douzaine ou deux, il n'aurait qu'à ne pas se gêner;

je les céderais volontiers, et à un prix modéré, comme on dit dans le commerce; je donnerai mon adresse.

Les choses allèrent ainsi pendant deux ou trois mois, puis s'arrêtèrent tout d'un coup, et Moissel fut obligé de fermer boutique. Il aurait dû voir de prime abord que cela ne pouvait être autrement; il aurait dû comprendre que les individus qui n'avaient à donner que du temps et des loisirs, dont on a toujours une partie disponible, se risqueraient à essayer de son système, tandis que les boutiquiers, les marchands de toute espèce, toujours plus ou moins certains de débiter le produit de leur industrie, se garderaient bien de le lâcher contre autre chose que des espèces métalliques, frappées au bon coin. Quelques-uns pourtant, s'y laissèrent prendre, et comme de raison, en furent dupes.

Mais Moissel ne se découragea pas pour cela: Son idée était passée à l'état de monomanie incurable. Il colporta son invention à Lyon, puis dans d'autres villes, puis à Marseille. A Lyon, comme à Marseille, comme partout, les résultats furent les mêmes: la foule des niais y perdit son temps, quelques-uns y laissèrent leur argent.

Mais ce qu'il y a de plus étonnant, c'est que Moissel fit des prosélytes et eut des imitateurs; l'infirmité dont il était atteint se propagea, et des banques d'échanges se formèrent à l'instar de celles qui avaient si bien réussi. On sait quelle en a été la suite ; quelques sentences des tribunaux l'ont fait connaître au public. Et certes, si au jugement dernier tous ces fabricateurs d'agence out à régler leurs comptes avec ceux qu'ils ont ruinés, ils auront beaucoup à faire.

Mais au fond de ces pitoyables misères, il y a quelque chose de vraiment déplorable. Sous la régence, la France entière s'éprit du système de Law, qui enfanta quelques fortunes colossales, et mit une foule innombrable de malheureux sur la paille. Ne nous étonnons donc pas si quelques hommes de bon sens, honorables et probes, se sont épris aussi du système de Moissel, système lilliputien comparé à la vaste conception de Law, mais gigantesque par le ridicule, par l'opiniâtreté de son auteur. Ceux-là, séduits par la faconde de Moissel et de ses adhérents ont voulu aussi créer des agences d'échange, y ont mis des fonds, mais, comme ils étaient de bonne foi, au lieu de faire des dupes, ils ont été dupes eux-mêmes, car dans ce genre de tripotages, agents, actionnaires et contractants, n'ont tous également qu'à perdre.

Il devait inévitablement en être ainsi. Au milieu d'un siècle de progrès, toute idée rétrograde ne peut quentraîner des pertes matérielles, n'attirer que du mépris. Et c'est une idée rétrograde que celle de vouloir ramener l'époque actuelle à l'échange en nature, pratiqué à l'origine des sociétés. On agissait ainsi parcequ'on ne pouvait pas faire autrement, quand quelques individus réunis par hasard, possédant peu de choses, ayant peu de besoins, n'avaient pas songé encore à créer un signe représentatif de tous les produits soit des dons de la nature, soit du travail des mains, soit des conceptions de l'esprit.

INCERTITUDE DE L'HISTOIRE.

> Mon siége est fait, je ne le recommencerai pas.
>
> L'ABBÉ VERTOT.

Combien d'historiens ne disent-ils pas comme
Vertot, mon récit est complet, il est intéressant,
bien écrit, on le lira avec plaisir, cela vaut mieux
que s'il était exact. Que m'importe qu'il le soit?
Et d'ailleurs se donnera-t-on la peine de le vé-
rifier?

Il est cependant des écrivains consciencieux,
qui ont la patience de s'assurer des faits, de
remonter à leurs sources et de les raconter de
bonne foi, tels du moins qu'ils croient les voir;
mais les voient-ils tels qu'ils sont? Non pas, à coup
sûr : Selon leurs préjugés, leurs passions, leurs
opinions, les uns les regardent par le gros bout

de la lunette, et les amoindrissent, les rapétissent;
d'autres les apperçoivent par le petit bout et les
exagèrent outre mesure. De là viennent, dans
l'histoire contemporaine surtout, tant de récits
contradictoires. Quelques citations suffiront pour
le prouver :

Chateaubriand a écrit, dans son pamphlet intitulé de *Bonaparte et des Bourbons*, que le duc
d'Enghien avait été fusillé au milieu de la nuit,
avec une lanterne attachée sur la poitrine, pour
servir de point de mire. Ces circonstances attestées
par un écrivain d'un aussi grand talent, d'une aussi
haute réputation, étaient certes, bien dignes de
croyance. Et cependant, une foule de contemporains de ce funeste événement, tous aussi hommes
honorables, ont attesté que l'infortuné prince
avait péri en plein jour, à neuf heures du matin.
Qui croire donc ? ceux qui n'ont lu que Chateaubriand croiront à la nuit et à la lanterne, bien que
les faits paraissent entièrement controuvés.

Je ne sais quel misérable, après avoir servi
contre la France, pendant vingt-cinq ans, dans
les rangs des cosaques, a nié dans une brochure,
le phénomène de patriotisme et de bravoure du
vaisseau *le Vengeur*. Il a prétendu que ce vaisseau,
après le combat, était rentré dans un port. La
France, l'Angleterre, l'Europe entière, savent
que l'équipage de ce vaisseau, préféra, plutôt
que de se rendre, s'ensevelir dans les abîmes
de la mer, aux cris enthousiastes de *vive la France*.

La poésie, la peinture, ont éternisé le souvenir
de ce glorieux pendant des Thermopiles. Il est
avéré, incontestable ; comment donc un cosaque
a-t-il osé le nier ; et ne peut-on pas croire que
quelques cosaques comme lui ajouteront foi à
sa lâche assertion.

J'ai lu dans une relation des événements des
trois journées de Juillet 1830, que l'Hôtel-de-
Paris n'avait pas été pris par les insurgés. Je
l'ai vu prendre, j'y suis entré avec la foule, et
l'on conteste un fait aussi patent, un fait dont
il existe encore des milliers de témoins, et quelques lecteurs le révoqueront peut-être en doute,
sur le dire d'un folliculaire.

Lisez d'ailleurs les historiens autrichiens et
russes, vous verrez que les autrichiens ont gagné
la bataille de Marengo et les russes celle de la
Moscowa.

Je pourrais citer en foule des circonstances du
même genre qui se sont passées, pour ainsi dire
sous nos yeux, et sur lesquelles nous lisons des
récits contradictoires. Celles-là me suffisent. Mais
si nous remontons un peu plus haut, aux com-
mencements de notre histoire de France seulement,
dans quelle incertitude ne doivent pas nous jeter
les traditions ? Dans tous les abrégés, dans tous
les résumés, dans toutes les écoles, on campe
toujours Pharamond à la tête de nos rois, et selon
bon nombre d'éplucheurs de documents historiques, Pharamond n'a jamais existé ; la chose

paraît même plus que probable. Et que dire des successeurs de cet être problématique, de ces Clodions, de ces Chilpérics et autres dont on nous raconte sérieusement les faits et gestes comme choses incontestables, bien que tout cela se soit passé dans des siècles barbares, au milieu de populations barbares qui n'écrivaient pas et se souciaient fort peu de transmettre à la postérité les événements plus ou moins importants auxquels donnaient lieu les guerres, les assassinats, les rapines, qu'on peut croire, du moins dans le détail, si non en grand, car c'était le caractère distinctif de l'époque. Je le crois fermement et je n'hésite pas à le dire : Toute l'histoire de cette première race ne peut-être qu'un tissu de fables.

En remontant plus haut encore, à l'histoire ancienne, combien de sujets de doutes ou plutôt d'incrédulité. Un mot seulement sur l'histoire romaine : Ces deux nations qui chacune confient leur existence politique, leur avenir, leur indépendance à la valeur de trois individus qui, par un singulier hasard, des deux côtés se trouvent frères, et dont le nom, par un hasard plus particulier encore ressemble fort à celui des adversaires qu'on leur oppose ; et cet Horatius Coclès qui défend seul le passage d'un pont contre une armée entière ; et ce Mutius Scœvola qui sans sourciller se brûle le poignet sur un réchaud ardent ; et tant d'autres choses trop absurdes pour être vraisemblables et qui, cependant, depuis des siècles sont répétées et admises comme vérités incontestables.

Quelque chose de fort curieux encore, ce sont ces beaux et longs discours prononcés par les généraux à des armées de cent mille hommes. Ne dirait-on pas que ceux qui nous les rapportent les ont sténographiés sur les lieux, ou que le général qui les a prononcés leur en transmit une copie, lui qui peut-être ne savait pas écrire.

Si de l'inexactitude dans le narré des faits nous passons aux appréciations, ce sera bien autre chose. C'est là que l'historien se donne licence et qu'il donne un individu comme un héros ou un brigand, comme un modèle de vertu ou de scélératesse, d'après sa manière de voir à lui, d'après son intérêt personnel, d'après la caste ou l'opinion à laquelle il appartient. Disons aussi que quelquefois le hasard, les chances plus ou moins heureuses font les réputations. Si la conjuration de Catilina eut réussi, Catilina aurait été proclamé grand citoyen, sauveur de la patrie, et Cicéron qu'on se contente de nous donner comme un lâche qui jeta son bouclier et se sauva à la bataille de Philippe, Cicéron serait un avocat bavard, ennemi du bien public. Mais Cicéron fut assez heureux pour faire étrangler Catilina. C'est un grand homme, l'autre est un brigand.

Ce qui précède m'engage à dire quelque chose des mots historiques qui, pour la plupart n'ont pas été dits plus que ne se sont passés certains faits.

Cambronne, par exemple, fut fort étonné quand on lui apprit qu'il avait répondu aux Russes qui le sommaient de se rendre, la garde meurt, elle ne se rend pas. Il ne s'en doutait pas le moins du monde, et se souvenait bien d'avoir répondu quelque chose, mais un seul mot, bien énergique, bien soldatesque, un seul mot qu'on ne prononce pas dans la bonne société, mais qu'un soldat peut se permettre sous la mitraille et les baïonnettes. On ne songe guère, dans ces moments là à faire des phrases académiques. Cependant la phrase académique attribuée à Cambronne restera comme document historique.

Le bon homme Lafayette ne fut pas moins surpris quand on lui dit qu'il avait parlé d'une *monarchie entourée d'institutions républicaines*. Bien qu'il ait dit et fait d'assez lourdes sottises, il n'est pas coupable de celle-là, et ne pouvait y songer malgré sa candide innocence. Cependant l'histoire s'est déjà emparée du dicton et le conservera.

On peut en dire autant à peu près de tous les mots historiques. Il en est un toutefois dont l'authenticité ne peut être révoquée en doute. C'est celui du comte d'Artois, plus tard Charles X : *Rien de changé en France, il n'y a qu'un français de plus.* Mais aussi comment n'aurait-il pas débité cette phrase correctement et sans se trom-

per ? il avait commcnoó à l'apprendre par cœur
en 1789 , et chaque jour, jusqu'en 1814 , l'avait
récitée après son chapelet. Il est vrai qu'en 1814
elle manquait tant soit peu de justesse : car enfin
c'était bien un petit changement que trente départements , une centaine de places fortes , une
cinquantaine de vaisseaux et un immense matériel cédés aux étrangers. Mais quand on a étu-
dié une phrase pendant vingt-cinq ans on doit
tenir à la débiter.

Cela me rappelle un pauvre acteur qui fut moins
heureux que Charles X et dont je vais rapporter
la mésaventure en passant. Il avait été pendant
longues années comparse et avait joué tour à
tour l'ours dans *les Deux chasseurs et la Laitière*,
les jambes de devant du chameau dans la *Cara-*
vane, et tourmentait son directeur pour avoir un
rôle où il put dire quelque chose, ne fut-ce que :

. . . . c'est une lettre
Qu'entre vos mains, monsieur, on m'a dit de remettre.

Le directeur combla enfin ses vœux en lui
confiant, dans une tragédie qui était à l'étude,
un rôle difficile et long. Dans le premier acte il
devait dire à quelques grands personnages assem-
blés : seigneurs , le roi se meurt. Dans le troisième
il devait faire entendre ces mots : sonnez, trompet-
tes. Muni de son rôle, on le vit, pendant les quinze
jours qui précédèrent la représentation , hanter

les endroits solitaires , répéter les deux demi-
phrases sur tous les tons , dans toutes les in-
flexions , y ajouter le geste , se poser devant une
glace pour prendre ses poses , et prier tous ses
amis de lui donner des conseils. Le grand jour
arriva enfin; les premières scènes de la tragédie
furent écoutées avec calme jusqu'au moment où
le nouvel acteur entre en scène , se pose , et
dit avec la plus grande dignité : seigneurs , le
meurt se roi.

Ce fut un brouhaha qui suspendit la représentation pendant un quart d'heure. Elle reprit
cependant et se continua sans encombre jusqu'au
troisième acte. Ici notre homme se proposait de
prendre sa revanche par l'aplomb avec lequel il
prononcerait la seconde partie de son rôle. Il
n'y manqua pas. Posant son poing sur la hanche,
il se tourna vers l'assemblée, et dit sans sourciller, sans se troubler : Trompez, sonnettes. La
tragédie tomba du coup, et si bien qu'on en a
oublié jusqu'au titre.

Revenons à un sujet plus sérieux, et d'autant
plus sérieux qu'il est fort triste. L'abbé Edgeworth
qui accompagna Louis XVI à l'échafaud, fut,
comme Cambronne, fort surpris, quand on lui
apprit qu'il avait dit à cette heure suprême : fils
de Saint-Louis, montez au ciel. Il répondit que
dans ce moment, il était tellement troublé, tellement ému, qu'il n'avait pu prononcer un seul
mot, et cela se conçoit sans peine.

Il en est ainsi du fameux *tout est perdu fors l'honneur*, écrit, dit-on, par François Ier après la bataille de Pavie; il en est ainsi d'une foule de mots historiques inventés par des rhéteurs. Et si nous rangeons parmi les faussetés, des propos tenus de notre temps, que dirons nous des bons mots adressés par Cyneas à Pyrrus, des conversations entre Alexandre et Ephestion, et autres petits discours prononcés il y a quelques deux ou trois mille ans.

Ce qui a beaucoup contribué à fausser l'histoire de nos jours et déroutera les lecteurs à venir, c'est le grand nombre de mémoires, tous plus apocriphes les uns que les autres. Tout le monde a lu les *Mémoires d'une contemporaine*, qui avait eu des relations avec tous les grands personnages, tous les ministres et maréchaux de l'empire. Sait on ce que c'était que cette prétendue contemporaine? C'était Charles Nodier et quelques hommes d'esprit comme lui, auteurs de quatre volumes d'anecdotes fort intéressantes mais qui ne se sont passées que dans leur féconde et inventive imagination.

Voici quelque chose de plus fort : En 1825 il fut publié deux volumes intitulés *Mémoires de Robert Guillemard*, sergent en retraite. C'est tout simplement un roman historique. L'auteur fait naître Guillemard dans un village de Provence, lui fait parcourir, depuis 1805 jusqu'en 1823, l'Europe entière, le fait assister à toutes les ba-

tailles, à la mort de l'amiral Villeneuve, à celle
de Murat, il le fait prisonnier de guerre à Ca-
bréra, puis en Russie ; et toujours prêt à saisir
l'épaulette qui toujours lui échappe par diverses
contrariétés ; Guillemard finit par raconter les
nombreux détails d'une carrière aussi accidentée.
Il le fait en style de soldat, mais avec assez de
correction, de talent et de franchise, pour donner
une haute idée de son éducation et de son caractère.

L'ouvrage, tiré à quatre mille exemplaires qui
s'écoulèrent rapidement, eut un brillant succès.
Il reçut les honneurs de la traduction en anglais
et en allemand. Le public y fut pris et crut tellement à l'existence de Guillemard que, pour en
avoir des nouvelles on écrivit au maire de son
village qui naturellement répondit qu'il n'en avait
jamais entendu parler, et ne connaissait personne
de ce nom là dans sa commune. Le *Courrier fran-
cais* disait, en rendant compte de l'ouvrage :
« Voici un sergent qui écrit mieux et en sait
plus que beaucoup de nos généraux. » Il y eut
des réclamations, une polémique, à propos de
certains faits avancés par le prétendu sergent.

Cependant le succès était trop flatteur pour
que l'auteur gardât longtemps le silence. Il se
fit connaître par quelques articles insérés dans
les journaux, avoua que le tout était de son invention, qu'il n'avait fait que colorer des faits réels
de la teinte à travers laquelle un sergent aurait

pu les voir, et sa supercherie, loin de lui nuire, ne fit que le servir pour des publications ultérieures. Tout cela n'a pas empêché un écrivain de ranger, dans une biographie, Guillemard parmi les illustrations contemporaines, en rapportant quelques traits de sa carrière militaire. Si par hasard un exemplaire de cette publication échappe aux rats et aux épiciers, si par hasard dans l'avenir un chroniqueur le découvre, il en prendra le texte pour affirmer ou contredire certains faits. Rapportons-nous en donc aux écrivains des temps passés.

S'en suit-il de ce qui précède qu'il ne faille pas étudier l'histoire? Non sans doute; bien que l'histoire ne soit, comme on l'a fort bien dit, qu'une série de mensonges convenus, elle n'en fait pas moins, comme la mythologie, partie d'une bonne éducation, et il faut la savoir.

MÉLANGE.

Alphonse Rabbe. — Henriette Wilson. — Encyclopédie moderne. Bory de Saint-Vincent.

Alphonse Rabbe, né dans le département des Basses-Alpes, a habité pendant assez longtemps Marseille pour que le souvenir ne soit pas effacé de la mémoire de ceux qui l'ont connu, pour que quelques détails sur cet homme remarquable à certains points de vue, sur sa vie aventureuse et triste, ne présentent pas quelque intérêt à ceux qui connaissent à peine son nom.

Fort beau garçon, plein de talents, d'espoir et d'avenir, il fut reçu avocat à Aix après de brillantes études, et se rendit à Paris, pour y perfectionner par la pratique des grands maîtres de la parole, ses moyens oratoires. Logé en chambre garnie chez un tailleur, il fut un jour surpris par celui-ci, avec sa femme, en criminelle

conversation, comme disent les Anglais. Le tailleur
se fâcha et allait peut-être faire pis. Mais Rabbe
le prévint, prit un couteau et l'éventra.

La justice s'en serait mêlée sans nul doute.
Pour s'y soustraire Rabbe se réfugia chez des
filles de joyeuse vie. Il y contracta cette maladie,
dont mourut François Ier, qui a été importée en
Europe par les compagnons de Christophe Co-
lomb. Elle eut sur son physique des effets dé-
plorables. Le pauvre Rabbe y perdit le nez ; un
de ses yeux, c'était je crois le gauche, se ferma
presque et pleura toujours. Les joues étaient cica-
trisées, les dents noires, cariées et branlantes,
la bouche exhalant un miasme, et de ce trou
aux bords écarlates, que l'absence du nez avait
agrandi, suintait sans interruption un résidu nau-
séabonde et fétide.

C'était en cet état que Rabbe à l'issue des
cent jours se trouvait à Marseille où il s'était
fait une certaine réputation comme écrivain. Après
le massacre dans les rues, le parti dominant voulut quelque chose encore, demanda la tête de
Masséna et chargea Rabbe de formuler cette demande. On s'étonnera peut-être que ce parti qui
comptait dans son sein tant d'hommes hauts
placés, à particules, ayant reçu une brillante
éducation, n'en ait pas eu un qui se sentit de
force à rédiger cette pièce. Il est étonnant aussi
qu'on ne se soit pas adressé pour cela à l'académie de Marseille, qui alors, comme aujourd'hui,

était en pleine activité, et alors comme aujourd'hui riche de talents qui n'en sont pas moins brillants, bien qu'ils se cachent par modestie.

Quoi qu'il en soit, Rabbe composa contre le vainqueur de Rivoli, deux factums, les *Massenaires*, où il répandit toute la verve, tout le fiel, toute l'acrimonie qui remplissaient son âme. Depuis sa maladie son caractère avait subi la même transformation malheureuse que son physique; il était devenu inquiet, irascible et querelleur. Tous ses écrits où se révélait cependant un véritable et beau talent, portaient l'empreinte de cette humeur acariâtre et implacable. Aussi, la tête de Masséna était démandée avec une logique, une véhémence, une chaleur auxquelles on eut dit qu'il n'y avait rien à répondre, et le parti croyait déjà la voir tomber.

Heureusement pour le vieux guerrier les souverains alliés n'avaient demandé à Louis XVIII qu'un seul maréchal, et Louis XVIII, franc et loyal, rond en affaires, n'en avait promis qu'un et n'en donna qu'un. Ney fut le premier sur qui on mit la main, et il paya pour les autres ; C'est ce qui sauva Masséna. Quant à Brune, il ne comptait pas, il avait passé par dessus le marché.

Rémunéré par le parti qui l'avait pris pour organe, Rabbe ne lui resta pas longtemps fidèle. Il se lança bientôt avec ardeur dans ce libéralisme qui faisait une si rude guerre à la restauration et qui finit par amener sa chute. Le rédacteur des *Massénaires* fonda à Marseille le journal le *Phocéen* où il frondait impitoyablement des ins- titutions respectables, je crois, puisque le par- quet qui s'y connait mieux que moi en prit la défense, mais que dans tous les cas, Rabbe au- rait du respecter s'il avait tenu à sa liberté. Il fut condamné à je ne sais combien de mois de prison.

Je dois ici mentionner un trait de bravoure d'un des hommes qui avaient commandé et payé les *Massénaires* : Comme Rabbe descendait les escaliers du palais de justice, entouré de gen- darmes, cet homme s'avança fièrement, résolu- ment, et lui appliqua un vigoureux soufflet. Un trait pareil mérite d'être conservé dans les annales de l'héroïsme. Et pourtant, ce brave n'a pas eu la croix d'honneur. Il se commettra toujours des injustices.

Après avoir été condamné et de plus souffleté, le pauvre Rabbe, saisi par une foule immonde, fut traîné, poussé contre la grille du Calvaire où on le fit agenouiller, où on se disposait à l'assommer si la police et la force armée n'eussent pris sa défense.

Il y avait là plus qu'il n'en fallait pour dé- goûter Rabbe du séjour de Marseille. Aussi, se rendit-il bientôt à Paris où il écrivit le résumé de l'*Histoire d'Espagne*, celui de l'histoire du Portugal, l'histoire de Russie, etc, etc., et publia dans le *Courrier Français*, dont il était un actif collaborateur, une foule d'articles que l'on distingue à sa manière fougueuse, quelquefois brutale. Avec tout cela, et malgré un grand et incontestable talent, il n'a laissé qu'une réputation assez obscure et presque oubliée de nos jours. C'est que, toujours besogneux, toujours à la solde des libraires, travaillant sous leur commande, à leur mesure, pour ainsi dire, il n'a pu que bien rarement se livrer à ses propres inspirations.

Tel était Rabbe que j'avais connu fort légèrement à Marseille et que je vis plus tard à Paris où je m'étais rendu avec l'intention de parcourir l'ingrate carrière des lettres, dont le faux éclat m'éblouissait alors, comme il éblouit l'inexpérience et la crédulité.

J'étais porteur de plusieurs lettres de recommandation, l'une entr'autres adressée à Rabbe, très flatteuse pour moi, très pressante pour lui, et que j'allai lui présenter le lendemain de mon arrivée. Il la parcourut d'un air distrait, me reçut assez froidement et me dit de revenir le voir. J'y revins en effet assez souvent, mais tantôt je ne le trouvais pas, tantôt il était occupé, n'avait pas le temps de songer à moi et je m'éclipsais sans qu'il prît la peine de me dire adieu.

Cependant un jour, il condescendit à me demander si j'avais déjà publié quelque chose. Je tenais en poche une brochure imprimée à Montpellier. Je la lui tendis ; il la lut, contre mon

espoir, avec attention, puis la posant d'un mouvement précipité sur son bureau, il me dit : c'est
bien, c'est très bien, on voit là un homme qui
a des pensées, qui sait les exprimer avec élégance
et clarté, et de plus un bon citoyen. Vous serez
utile à notre cause.

Je me sentis grandir d'un pied en entendant
ces paroles. Mais le désenchantement ne se fit
pas attendre. On va le voir :

« Eh bien, continua Rabbe, il faut commencer par faire un résumé. » C'était alors la mode
des résumés. On sait qu'après l'apparition des
Lettres persannes de Montesquieu, tous les libraires
demandaient à tous les écrivains des lettres persannes. Puis il demandèrent des voyages, puis
des mémoires, et puis je ne sais quoi. En 1823,
le vent de la librairie était aux résumés. Aussi,
on leur en a fait tant qu'ils en ont voulu. Il
en sortait de tous les coins, de toutes les presses ;
pendant quelque temps ils ont tapissé les quais ;
on ne sait pas maintenant ce qu'ils sont devenus.

Il faut cependant faire connaître la cause de
cet engouement et de cette vogue : Le premier
résumé qui parut fut celui de l'*Histoire de France*,
par M. Félix Bodin. Il obtint un succès des plus
brillants et des mieux mérités en même temps.
On se fera, par le fait que je vais rapporter,
une idée de la célébrité qu'il procura à son
auteur.

M. Thiers entrait alors, dans la carrière litté-

raire, où il s'est acquis depuis une belle et juste
renommée qui l'a conduit plus tard à d'éminentes fonctions politiques. Mais M. Thiers n'était
pas connu, et, comme tous ceux qui débutent,
avait besoin d'appui et du nom d'un écrivain
en réputation, pour servir de passeport à ses
œuvres. M. Bodin voulut bien lui prêter le sien.
Il était bon juge et à même d'apprécier le talent
et l'avenir du jeune écrivain. Aussi, les premiers
volumes de la première édition de l'*Histoire de
la révolution*, portèrent en titre : par MM. Félix
Bodin et Thiers. Ceux qui ont cette édition peuvent s'en convaincre.

Plus tard, quand le succès fut bien assuré,
quand M. Thiers put marcher seul, M. Bodin,
trop loyal pour vouloir s'approprier une partie
de la renommée, résultat d'un écrit auquel il n'a-
vait pas travaillé, retira son nom et celui de
M. Thiers resta seul.

Après le résumé de l'*Histoire de France*, M.
Félix Bodin publia celui de l'*Histoire d'Angleterre*, qui avec le même mérite obtint le même
succès et fut l'origine de cette foule d'imitations
plus ou moins faibles et complètement oubliées
de nos jours. Il faut en excepter cependant le
résumé de l'histoire d'Espagne par Rabbe, celui
de l'histoire de Portugal par le même, et celui
de l'histoire des États-Unis d'Amérique par Barbaroux. Je ne veux pas dire :

Le reste ne vaut pas l'honneur d'être nommé.

Je suis trop poli pour cela, et je reviens au récit de mon entrevue avec Rabbe.

« Voulez-vous, me demanda-t-il, faire le résumé de l'Histoire de l'Empire ottoman ? » Parbleu, lui dis-je, volontiers. Je lui aurais fait moi, tous les résumés du monde ; je savais déjà comment se fabriquaient ces livres. Mais, continua cet illustre pour qui j'éprouvais déjà une vive reconnaissance, il ne faudrait pas vous faire une belle illusion. On nous paie ces petits volumes quinze cents francs ; je vous en donnerai la moitié et je mettrai mon nom à votre ouvrage. Partant, il y aura là, pour vous, peu de profit et point de gloire. Mais c'est toujours ainsi qu'il faut commencer. Voyez si cela vous convient.

Ma foi non, lui dis-je, cela ne me convient pas du tout. Là dessus je pris mon chapeau et saluai Rabbe que je ne revis que cinq ou six ans plus tard, à l'occasion de la querelle qu'il me chercha à propos d'un article écrit par Achille Roche.

Tout cela ne m'empêcha pas d'assister à son convoi funèbre qui eut lieu quelques mois avant la révolution des trois journées. Je vis là plusieurs libraires déplorant bien sincèrement la perte d'un homme aussi remarquable, et de l'argent qu'ils lui avaient avancé. Les libraires ont en général le cœur très sensible.

Il serait inexact d'avancer que Rabbe s'est suicidé. On peut dire cependant avec vérité qu'il s'est empoisonné lentemont et jour par jour, par la quantité de café et d'opium qu'il consommait continuellement. Dégoûté de la vie, misanthrope, il fuyait la société où son esprit, ses connaissances, sa facilité d'élocution semblaient lui désigner une place distinguée. Son humeur querelleuse, ses habitudes de duelliste n'avaient d'autre source qu'une envie bien déterminée d'en finir avec l'existence et il aurait remercié peut-être celui qui l'en aurait débarrassé par un coup d'épée ou de pistolet. Cependant cela ne le portait pas à ménager son homme quand il était sur le terrain.

Les courtes et peu agréables relations que j'eus avec lui m'ôtèrent l'envie de présenter les autres lettres de recommandation qu'on m'avait remises. Il y en avait pour M. Thiers, une qui a traîné trois ou quatre ans dans un tiroir de mon bureau et je suis convaincu qu'elle m'a été tout aussi utile là que si je l'avais remise à son destinataire.

Je compris bien vite que si je voulais parvenir à quelque chose je ne devais compter que sur moi, je le fis et fis bien, et je ne tardai pas à me tirer d'affaire, comme on va le voir : Un libraire me donna d'abord à traduires les *Mémoires d'Henriette Wilson*, dont je recevais les épreuves sortant encore toutes fraîches d'une presse de Londres.

Cet ouvrage, complètement oublié de nos jours, eut une certaine vogue dans le temps. Henriette

Wilson, après avoir été une courtisanne du haut ton, une espèce de Ninon de L'enclos, de Marion de Lormes, de Lolla-Montès, une fois sur le retour, avait trouvé piquant de faire part au public des aventures plus ou moins galantes qu'elle avait eues avec les plus grands personnages de la fière Albion. Et voilà les mémoires qu'on me donnait à traduire. Il y avait peu de faits d'une importance réelle, mais la légéreté, la grâce même du style, rachetaient l'insuffisance du fond. Il y avait certain laisser aller qu'un rigorisme absolu aurait pu condamner, mais enfin, cela se laissait lire, et même avec plaisir. Ce qui, d'ailleurs assurait le succès c'est qu'il y avait du scandale, des noms illustres plus ou moins compromis, en commençant par le régent depuis Georges III, et continuant avec Wellington, Lord Pousomby, ambassadeur à Constantinople, Frédéric Lamb, ambassadeur en Portugal, etc, etc.

Je n'avais rien à faire; cette traduction m'amusait, le style léger, peu prétentieux convenait à ma manière; j'allai donc mon train, et au bout de quelques mois je remis les derniers mots du sixième et dernier volume petit in-12 des *Mémoires d'Henriette Wilson,*

Le libraire, d'après nos accords, me devait deux mille francs. C'était le même pour qui j'avais travaillé au voyage de Lafayette en Amérique. Il me les paya en billets à ordre de deux cents, deux cent-cinquante, trois cents francs, échelon-

nés de mois en mois. Je me crus plus riche que
M. Rotchild quand j'eus cette somme en porte-
feuille, et me mis sur le champ en devoir de la
négocier, n'importe à quel escompte. Mais hélas !
tous ceux à qui j'en parlai me rirent au nez,
et de mes deux mille francs, n'aurait pas voulu
me donner deux pièces de cent sous.

Enfin, une bonne aubaine se présenta : Un certain courtier qui demeurait dans la même maison
que moi vint me demander si je voulais acheter
pour six cents francs d'absinthe à raison de trois
francs la bouteille, et payable avec six cents
francs de mes billets. Bien vîte j'endossai pour
cette somme et priai le courtier de terminer au
plutôt, de crainte que le vendeur ne vint à se
dédire. Il ne se dédit pas, et le lendemain mon
courtier m'annonça d'un air radieux qu'il avait
deux cents bouteilles d'absinthe à ma disposition.
Ah ! que c'est heureux, lui dis-je, dépêchez-
vous de les vendre. — J'avais prévu le cas,
me répondit-il, elles sont déjà vendues, et même
à un taux avantageux, sauf votre approbation.
On vous en offre quinze sous la bouteille. —
Mais c'est une affaire d'or ; terminez au plutôt,
toujours de peur que l'acheteur ne vienne à changer d'avis, et peut-être à diminuer son offre.
L'acheteur se montra franc et loyal, ne diminua
rien, et le courtier m'apporta cinquante francs
sur lesquels je lui en donnai dix pour ses peines
et frais de courtage. C'est la bonne aubaine dont
je parlais plus haut.

On a compris sans doute que celui qui me vendait l'absinthe trois francs la bouteille et celui qui me l'achetait quinze sous, n'étaient qu'un seul et même individu. J'en étais certain, et j'en eus plus tard la preuve. C'était un petit vieillard à la figure d'un jaune tirant sur le blanc, portant un chapeau gris, des pantalons gris, des bas nankin et une perruque rousse, faite je crois avec de la filasse. Le tout était si bien en harmonie, d'un grisatre si fade, si bien d'accord avec la figure et l'ensemble, qu'on aurait pris ce petit homme pour une phalène sortant de sa chrysalide.

En attendant il avait mes billets auxquels je ne pensais plus, et les échéances vinrent, sans que j'y eusse pensé d'avantage, mais mon usurier s'en souvint à jour fixe, me fit présenter les billets et voulut en recevoir le montant intégral. J'offris de lui rembourser ce que j'avais reçu ; il n'entendit rien, et pendant plusieurs années me poursuivit avec une ardeur, une persévérance qui auraient mérité plus de succès, car je parvins toujours à me soustraire à ses jugements, à ses commandements et à ses recors. Franchement je n'en ai aucun remords dans l'âme.

Cependant, cette publication ne me fut pas inutile et me valut un fort agréable emploi à l'administration de l'*Encyclopédie Moderne* publié par M. Courtin dont j'avais fait la connaissance.

M. Courtin, procureur impérial à Paris, sous
l'empire, et préfet de police pendant les cent
jours, avait été exilé en Belgique par la restauration. Rentré en France, ayant éprouvé des pertes, il sentit le besoin de faire quelque entreprise qui le remit sur pied. Il hésita d'abord
entre une brasserie de bière, un magasin d'épi-
cerie en grand, une raffinerie de sucre, et se
décida enfin pour une encyclopédie.

Excellent homme, excellent jurisconsulte, puisqu'il avait été procureur impérial, M. Courtin
n'entendait pas le premier mot ni aux sciences,
ni aux lettres, ni aux arts. Mais il était hono-
rablement connu de tout Paris ; il avait pour
amis, et en grand nombre, des savants, des
littérateurs, des artistes ; tous lui prêtèrent leur
concours et l'encyclopédie moderne, qui d'abord
ne devait se composer que de douze volumes en
eut trente, paraissant à époques indéterminées,
et eut un grand succès.

Il avait eu le bon esprit de prendre pour directeur de son entreprise, un homme d'un grand
savoir, d'un grand bon sens, dont la réputation
d'écrivain et de profond économiste était déjà
faite, mais n'égalait pas cependant son mérite.
C'était M. Pagès de l'Arriège.

J'étais le lieutenant de M. Pagès et servais
d'intermédiaire entre la direction et la rédaction.
Porteur d'une liste où étaient inscrits tous les
mots devant entrer dans le volume sous presse,

7

et le noms des auteurs, chaque jour je voyais
un de ces messieurs pour demander leurs articles, pour les presser, les tourmenter si ces articles se faisaient attendre. Quand je les tenais,
je devais les lire, et si je n'y trouvais rien d'op-
posé à l'esprit général de l'ouvrage, les envoyer
à l'imprimerie. Dans le cas contraire je les sou-
mettais à M. Pagès qui, parfois me priait de
demander à l'auteur quelques modifications. C'é-
tait une mission délicate, dont cependant je
me suis toujours assez bien tiré.

On conçoit qu'une pareille tâche dût me mettre
en rapport avec une foule de personnages émi-
nents. Mais insoucieux alors, je leur envoyais le
plus souvent un garçon de bureau, ne les voyais
qu'à la hâte, et ne songeais guère aux liaisons
qu'il m'eût été facile de former et qui auraient
pu m'être utiles par la suite. Il en est une, cependant, dont je me souviendrai toujours avec
un sentiment de reconnaissaine et de juste orgueil; c'est celle de l'illustre général Lamarque.
Un jour que j'étais chez lui, il me demanda s'il
y avait quelqu'un dans nos bureaux qui connût
l'anglais. Moi, lui dis-je, général. — Et écrivez-
vous convenablement. — Mais j'ai traduit depuis
peu, un ouvrage anglais que le public a reçu
favorablement, les *Mémoires d'Henriette Wilson.*
— Ah ! c'est vous, qui avez écrit cela, et il
continua en louant le style, puis me pria de lui
traduire un fragment d'un ouvrage anglais, ce
que je fis à sa satisfaction.

Dès lors il no cessa jamais de me traiter avec
la plus grande bienveillance ; je conserve pré-
cieusement des lettres qui le prouvent et qui me
consolent des ignobles persécutions, des lâches
insultes de deux ou trois misérables. Celui à qui
un homme tel que Lamarqué croyait pouvoir
écrire : « Je ferai tout pour accroître un succès que
méritent si bien votre talent et votre patriotisme,
celui-là peut mépriser les injustes attaques, les
iniques persécutions de quelques crétins.

Je fis connaissance à l'encyclopédie moderne
du savant Bory de Saint Vincent, qui fournissait
à cette publication, des articles d'Histoire Naturelle très remarquables. Il était alors à Sainte-
Pélagie pour dettes, et pendant longtemps mes
relations ne furent avec lui que par lettres, Mais
il est un fait qui honore également lui et une
autre personne dont le souvenir n'est point perdu,
fait que je me reprocherais de passer sous silence.

Le conte de Montlozier écrivit un jour à Bory
de Saint-Vincent : « Monsieur, je suis instruit
qu'un colonel, ancien député, savant estimable
est détenu à Sainte-Pélagie par des usuriers. Je
ne suis pas riche, mais je viens de recevoir six
mille francs pour mon dernier ouvrage. Je serais
heureux si la personne que je charge de vous
les offrir, m'annonçait que vous les avez acceptés
et qu'ils ont contribué à vous rendre la liberté. »

Bory de Saint-Vincent, comme on le pense

bien, ne voulut pas accepter une offre aussi généreuse.

Au surplus, il passait à Sainte-Pélagie une vie assez joyeuse, entouré de ses livres, s'occupant de ses travaux de prédilection, et recevant de nombreuses visites. Il fut rendu à la liberté quelques mois avant la révolution de 1830, après avoir subi ses cinq ans de détention : les usuriers ne lui avaient pas fait grâce d'une minute.

MYSTIFICATION ! ! !

J'avais eu le malheur de faire par hasard à
Paris connaissance avec un nommé Lacros, homme nul, espèce de Robert-Macaire, qui m'ob-
sédait de ses protestations d'estime et de dévouement et m'empruntait assez souvent de petites
sommes qu'il ne me rendait jamais, Un jour il
vint me conter qu'un de ses amis intimes, M.
Julien, marchand de bric-à-brac, allait emprunter, par billet à ordre à M. Bienfait, marchand
de meubles et aussi ami intime à lui Lacros,
une somme de deux mille francs, mais que le
prêteur voulait un endosseur, et qu'on comptait sur ma signature.

Pourquoi donc, dis-je à Lacros, ne donnez-
vous pas la vôtre, puisqu'ils sont tous les deux
vos amis?

— Oh ! Je le ferais bien volontiers, mais je
ne suis pas assez connu. Vous, c'est bien dif-
férent, vous êtes répandu dans le monde, vous

écrivez dans les journaux , dans les revues , et
c'est un honneur que vous accorde M. Bienfait,
une justice qu'il vous rend en acceptant votre
endos. D'ailleurs , qu'avez-vous à craindre? Julien
a dans son magasin de quoi faire face cent fois
s'il le fallait, à la faible somme qu'il emprunte.
C'est le plus riche magasin de bric-à-brac de
Paris. Il y a trois ou quatre crocodilles empaillés ,
une superbe collection de colibris , des flûtes,
des guitares , et une foule d'autres objets curieux , sans compter une momie d'Egypte reconnue
authentique par M. Champollion lui-même qui
a déclaré que c'était la fille cadette d'Aménophis , trente-cinquième roi de la quarante-et-
unième dynastie. Tout cela vaut plus de cent
mille écus.

J'avais alors, que dis-je, j'ai toujours eu un
caractère si bonnasse et si faible, que , sans me
faire prier d'avantage, je promis. Le lendemain,
Lacros et moi , nous nous trouvâmes en présence
de Julien et de M. Bienfait, et j'endossai pour
deux mille francs de billets à trois mois de date.

Qu'on me traite d'imbécile tant qu'on voudra ,
qu'on m'applique la qualification que Napoléon
donnait à Lafayette et qui m'avait tant préoc-
cupé , je n'en dois pas moins continuer ce triste
récit. Huit jours après, M. Julien mit les clés
sous la porte de son magasin, et le pis de l'affaire, c'est que les crocodiles, les colibris, la
fille du roi Aménophis et tout le reste avait dis-

paru, en supposant toutefois que cela y eût jamais été.

Ce fut M. Bienfait qui vint me donner cette triste nouvelle. Il etait furieux contre Julien. Mais ce qui le consolait, disait-il, c'est qu'il avait à faire du moins à un honnête homme, et qu'il était sans inquiétude pour le paiement, car, ajouta-t-il, vous connaissez cet adage tellement juste, qu'il est sanctionné par les lois : *qui répond paie.* »

Je ne le connaissais que trop, son adage, et aussi j'étais loin d'être aussi tranquille que lui, car je ne savais où je trouverais cet argent et j'y réfléchissais quand je reçus la visite de Lacros; « Vous devez être inquiet, me dit-il, mais rassurez-vous; nous pourvoirons à tout. En attendant, pour vous rasséréner l'esprit, je veux vous donner une distraction des plus agréables, vous faire recevoir d'une société philantropique. — Laissez-moi donc tranquille, lui dis-je, j'ai bien autre chose en tête. — C'est précisément pour cela ; quand vous serez des nôtres, les affaires d'intérêt ne vous préoccuperont pas ; vous serez tout au bonheur d'appartenir à une grande famille dont l'unique but est de pratiquer toutes les vertus, de soulager l'infortune et de se secourir mutuellement : ainsi, c'est entendu demain je veux vous faire déjeûner avec un des premiers membres de la société. C'est M. Huguet, huissier près la cour royale de Paris, homme recom-

mandable par ses talents, par sa fortune, par
son grade de sergent dans la garde nationale,
et de plus, mon ami intime.

Assez curieux de mon naturel, je voulus connaître cette association dont j'avais entendu dire
du bien quelque part. Je résolus donc de me
laisser faire, je déjeûnai le lendemain avec Lacros
et M. Huguet, et quelques jours après je fus
proposé à une réunion des environs de Paris.

J'attendais avec patience le jour de ma réception, quand arriva l'échéance des deux mille francs.
M, Bienfait avait chargé l'huissier Huguet qui
était son ami comme celui de Lacros, de me
présenter les billets. Huguet s'acquitta de cette
commission avec la plus grande amabilité. Il
vint me demander en souriant, et comme certain
d'une réponse affirmative, si j'avais préparé les
fonds en question, me présentant en même temps
deux petits sacs qu'il avait apportés par précau-
tion, dans le cas où je n'en aurais pas moi-
même.

N'avoir pas de sacs eut été pour moi un petit
malheur, mais pour satisfaire M. Bienfait, il me
manquait environ dix-neuf cents et quelques
francs. Je n'avai pas cent francs à ma disposition. C'est ce que je montrai à M. Huguet, en
ouvrant un des tiroirs de mon secrétaire. C'est
fàcheux, dit-il, car M. Bienfait, qui a grand
besoin de son argent, m'a chargé de porter ces
billets au protêt en sortant de chez vous, si

vous ne pouviez le satisfaire. — Portez les au
protêt, mais j'espère bien qu'après cette forma-
lité il m'accordera un délai. — Je ferai mon
possible pour l'y engager, soyez en certain.

La dessus, M. Huguet me donna une cordiale
poignée de main et me quitta. Mais à peine était-
il sur le carré, qu'il rouvrit ma porte et me
dit d'un air de satisfaction : A propos, j'oubliais
de vous donner une bonne nouvelle. Vous serez
reçu dimanche prochain à notre société. Je vien-
drai vous prendre avec notre ami Lacros. Vous
y trouverez quelques connaissances ; vous y verrez
aussi M. Bienfait qui est notre président ; adieu
encore une fois.

J'aurais volontiers envoyé à tous les diables,
M. Bienfait, Huguet, Lacros et tout le reste,
mais le sort en était jeté et je me résignai.

Le dimanche suivant, Lacros et Huguet vinrent me prendre. Nous arrivâmes après une assez
longue course dans une de ces petites villes qui
forment la ceinture de Paris. Nous nous arrêtâ-
mes devant une grande porte. Nous y voici, dit Huguet, et il frappa trois coups, après lesquels la
porte s'ouvrit. Nous traversâmes un petit jardin,
et nous arrivâmes dans une salle spacieuse, nue
et sans meubles, où mes deux compagnons me
laissèrent.

J'attendais là, ne sachant ce qu'on ferait de
moi, quand arriva un individu que je ne connaissais pas, à l'air sérieux, je pourrais même

dire sinistre, qui me dit : C'est vous, monsieur, qui voulez-être de notre société. — Oui monsieur. — Mais vous avez des épreuves terribles à subir, de grands dangers à affronter ; êtes vous bien décidé ? — Oui, monsieur, j'ai été soldat, j'ai vu le feu, j'ai assisté à des affaires sanglantes et je n'ai pas eu peur ; je suis prêt. — Dans ce cas, permettez que je vous bande les yeux. Il le fit comme il le disait, puis, quand je n'y vis plus clair, me prit par la main, me fit faire plusieurs détours, me fit descendre quelques marches et s'arrêta dans un endroit où il me dit : Je vous laisse, quand vous entendrez frapper trois coups, vous enleverez le bandeau qui vous couvre les yeux, vous trouverez, sur une table à côté de vous, trois questions auxquelles vous répondrez selon votre conscience. On jugera par ces réponses si vous êtes dignes d'être des nôtres.

J'entendis fermer une porte, j'entendis trois coups, j'enlevai mon bandeau, et je me trouvai dans un étroit espace fort noir qui n'était éclairé que par les yeux et le nez de quatre têtes de mort dans le crâne desquelles brûlaient des chandelles. Regardant autour de moi pour me reconnaître, je ne vis sur tous les murs noirs et humides, que cet avertissement : *Pensez y bien.*

Tout en y pensant, je me disposais à répondre aux trois questions que je venais de voir sur une petite table, quand j'entendis dans un coin de mon cachot, un certain bruit de ferraille.

Je m'approchai, et en palpant, trouvai au lieu du mur une grille, contre laquelle je finis par appercevoir une figure hâve, jaune, qui me regardait d'un air comme venant de l'autre monde. Sans avoir peur précisément, je commençais à avoir certaines appréhensions, à croire qu'il y avait au fond de tout cela quelque chose de plus sérieux que je ne l'avais pensé d'abord. « Monsieur.... mon Dieu, mon Dieu, monsieur, me dit cette figure, après m'avoir considéré quelques instants, qui que vous soyez, si vous avez une famille, si seulement vous tenez à votre existence, fuyez de ces lieux pourvu qu'on vous laisse encore la liberté. Vous ne savez pas ce que c'est que cette société ; puissiez-vous ne jamais le savoir. Pour une légère indiscrétion, je suis enfermé, enchaîné ici depuis deux ans, et je sais que mon sort est prononcé, que je dois mourir aujourd'hui. Vous assisterez à mon exécution si vous persistez dans votre funeste dessein. » Disant cela, il porta de désespoir ses mains à sa tête, agitant les chaînes dont ses bras étaient chargés.

Cette voix me paraissait déguisée, mais ne m'était pas cependant inconnne. Cette figure me revenait aussi ; c'étaient à peu près les traits de Lacros, mais Lacros avait le teint coloré, une chevelure abondante et crépue ; mon fantôme était jaune comme du safran et complètement chauve ; de plus une large cicatrice à la joue gauche et une grosse verrue sur le nez. Bien sur, ce n'était pas lui. Pour m'en assurer je lui demandai.

Auriez-vous connu un nommé Lacros?

— Lacros ! Mais c'est de mon frère, sans doute que vous vous voulez parler; avez-vous de ses nouvelles ?

— Certainement; il est ici, c'est lui qui m'y a conduit, et je pense bien qu'il vous fera rendre la liberté.

— Ne l'espérez pas, monsieur, rien ne peut me soustraire à la mort que je vais subir bientôt.

Sans continuer cette conversation, j'écrivis ma réponse aux trois questions qu'on m'avait posées. Un instant après la porte de mon cachot s'ouvrit, celui qui m'y avait conduit me banda de nouveau les yeux, me prit par la main, et, après m'avoir fait faire plusieurs détours, m'avoir fait monter quelques marches, m'introduisit dans une salle où, d'après les chuchotements que j'entendais, je compris qu'il y avait un assez grand nombre de personnes.

Faites faire au récipiendaire son premier voyage symbolique, dit une voix forte au milieu du silence. Aussitôt, l'individu qui me tenait toujours me fit aller de droite et de gauche, en avant, en arrière, et de temps en temps on lui criait : Prenez garde, doucement, évitez cet obstacle, n'approchez pas du précipice, faites le sauter, en passant sur le pont évitez le parapet. Or, cette promenade avait lieu dans une salle au pavé fort propre et fort uni

où il n'y avait pas l'ombre de ponts , de parapets ,
ni de précipices. Mais c'était l'emblême , me dit-
on, des tourments, des vicissitudes qui remplis-
sent la vie humaine. Je n'avais pas besoin de cette
démonstration pour en savoir quelque chose. On
me fit avaler aussi un breuvage amer comme chio-
tin, et on me dit que c'était le symbole des deboi-
res de l'existence. Pendant une vie passablement
tourmentée , j'en avais assez bu pour en connaître
le goût.

Le second et troisième voyage que je fis successivement ressemblait à peu de chose près au premier et se terminèrent sans naufrage ni mauvaise
rencontre. J'en étais là, quand derrière moi j'entendis ouvrir une porte et prononcer ces paroles d'un
ton solennel : « Auguste président, le jugement
est exécuté ; justice est faite. » — C'est bien , dit le
président, nous allons montrer au récipiendaire,
comment nous traitons les parjures. »

On me fit marcher de nouveau, on me fit faire
un court trajet pendant lequel j'entendais derrière
moi des pas qui nous suivaient. On s'arrêta , on arracha violemment mon bandeau, et une voix for-
midable me dit : « Regardez ! » Nous étions dans
une salle tendue de noir, éclairée par un lustre noir
aussi, à trois branches et jetant une lumière ver-
dâtre et blafarde. Trente personnes environ , l'épée
à la main , étaient rangées contre les murs. Au milieu, une table couverte d'un tapis noir et sur cette
table , dans un plat , la tête sanglante du prison-

nier que j'avais vu dans le caveau, à côté, le sabre
qui venait de faire l'exécution.

C'était toujours bien la ressemblance de Lacros,
mais toujours cette tête était chauve et portait une
cicatrice. Tous les regards étaient tournés vers moi,
pour juger sans doute du degré de mon émotion,
quand un petit piétinement se fit entendre sous la
table. La tête du supplicié fit une légère grimace,
nazilla comme pour comprimer une envie d'éter-
nuer, et puis, ma foi, ne pouvant y résister, éter-
nua si fort qu'une des trois lumières du lustre s'é-
teignit. Un mauvais plaisant, avant notre arrivée,
lui avait fait prendre une prise de tabac.

Malgré les rires provoqués par ce bizarre inci-
dent, le président ne se crut pas dispensé de me
dire, comme si de rien n'était : Vous voyez comme
nous traitons ceux qui trahissent nos redoutables
mystères ; que cela vous serve d'exemple.

Ce que je voyais, c'est que la mystification allait
son train ; ce que je comprenais, c'est que le cama-
marade Lacros, pour être chauve avait couvert ses
cheveux d'une vessie, comme on fait au théâtre,
que pour paraître jaune et blême, il s'était bar-
bouillé la face d'ocre ou de safran, et que de plus,
pour donner plus d'intérêt à la chose, il avait fi-
guré sur sa joue, avec quelques couleurs, la forme
d'une balafre ; je ne me trompais pas.

Après cette scène on me couvrit de nouveau les
yeux et nous reprîmes le chemin que nous avions
suivi. J'entendis le président demander les statuts

de l'Association , et bientôt une voix lui répondre qu'on ne les trouvait pas. On les chercha pendant quelque temps vainement, mais en désespoir de cause, comme je l'ai su plus tard, on mit la main sur le premier livre venu ; c'était la *Cuisinière bour-geoise*, oubliée par hasard sur le carré, appelé en langage de l'argot, le *parvis du temple*.

On l'a porta au président qui, ayant alors tout ce qu'il lui fallait, ordonna de me conduire auprès de lui. Je montai en tatonnant sept marches, à la dernière desquelles on me fit agenouiller. Le pré-sident mit dans mes mains un objet, en m'invitant à le palper, et me demanda ce que c'était. C'est une épée, lui dis-je, après m'en être assuré. — Oui, c'est un glaive, symbole de l'honneur dont vous ne devrez jamais vous écarter. Et ceci ? — C'est un compas. — Un compas, emblême de la régularité qui doit présider à toutes vos démarches. Et ceci ? — C'est un livre. — Ce sont les statuts de l'Asso-ciation auxquels vous aurez toujours à vous con-former. Vous allez répéter avec moi, la main sur ces trois symboles, le serment que je vais pro-noncer.

Je répétai donc ce serment et jurai sur le glaive, sur le compas et sur la *Cuisinière bourgeoise*, de ne jamais dire, écrire, ni buriner les terribles secrets qui allaient m'être révélés, et cela sous peine d'a-voir la gorge coupée, le ventre fendu, les entrail-les et le cœur arrachés, le corps brûlé et réduit en cendres, et les cendres jetées au vent.

Il n'y avait pas de quoi rire comme on voit, aussi je n'étais guère à mon aise, et j'aurais voulu être bien loin, au risque de ne jamais connaître le *terrible secret*.

Quand j'eus prêté mon serment, le président dit : Qu'on l'entraîne, je n'en réponds plus. Ces mots augmentèrent mon trouble. On me conduisit au fond de la salle, et le président ajouta : A mon troisième coup la lumière sera donnée au néophite. Trois coups se firent entendre ; au dernier, le bandeau tomba de mes yeux.

Je l'avoue, si tout ce que j'avais vu et entendu, tout ce qu'on m'avait fait faire jusqu'à ce moment m'avait paru tant soit peu grotesque et ridicule, le spectacle qui s'offrit alors à moi, imposant et grandiose, m'inspira un respectueux étonnement. Sur les deux côtés d'une salle brillamment éclairée et tapissée de riches tentures, se tenaient les membres, tous décorés de larges écharpes bleues ou rouges, tous debout et silencieux, tous la main droite sur le cœur et tenant de la gauche une épée dont la pointe était tournée vers moi. Sur le bord d'une estrade élevée, au fond de laquelle on voyait trois transparents lumineux se trouvait le président, aussi debout.

Après un silence qui avait quelque chose de solennel, il prit la parole et me dit : « Mon frère, il m'est permis maintenant de vous donner ce titre, les glaives que vous voyez tournés vers vous, vous indiquent que dans tous les temps, dans toutes les

circonstances vos frères seront prêts à voler à votre
secours, à venir en aide à tous vos besoins, si
vous avez à réclamer leur assistance. Ils vous rappellent en même temps, que ces frères seront prêts
à vous percer le cœur si vous êtes parjure au serment que vous venez de prêter. » Paroles bien no-
bles et bien belles, si elles avaient été l'expression
de quelque réalité, mais malheureusement c'est ici
le cas de dire, avec plus de raison que jamais *Ver-
ba et voces, præteraque nihil.*

Le président me fit alors approcher du trône,
me toucha la main d'une manière particulière, me
dit deux mots à l'oreille, m'apprit un certain signe et me recommanda bien de ne rien oublier de
ces augustes mystères pour me faire reconnaître
en cas de besoin.

Ce fut alors seulement que je reconnus, dans la
personne du président, mon créancier, M. Bienfait, et j'en fus tout réjoui. Je ne l'avais vu que
deux fois avant cette séance, et pendant ma réception j'avais l'esprit trop occupé pour y faire attention.

Je pris place, et l'orateur, se levant, fit un long
discours, où il me prouva clair comme le jour que
la Société dont je faisais partie remontait aux Égyp-
tiens et même plus haut dans l'antiquité. Les mystères d'Isis et d'Osiris n'étaient autre chose que la
célébration et la conservation de nos dogmes qui,
passant alternativement par les Grecs, les Ro-
mains, les Tartares et les Bulgares, étaient par-

venus jusqu'à nous sans la moindre altération. Il fit ensuite un éloge pompeux de ces dogmes qui prescrivent l'exercice de toutes les vertus, le patriotisme, la douceur, l'humilité, la bienfaisance e..vers tous, et surtout envers les frères.

Après ce discours, la séance fut levée et tout le monde s'en retourna chez soi. Je m'en allai bras dessus bras dessous, avec mes deux amis et Lacros qui ne se lassaient pas de me féliciter d'être des leurs et d'avoir subi courageusement mes épreuves. J'étais bien tenté par fois de leur dire : il n'y a pas de quoi. Mais je n'en fis rien et répondis de mon mieux à leurs compliments.

Le lendemain de ce jour mémorable je reçus de très-bonne heure la visite de Julien. Mon cher, me dit-il en entrant, je n'ai pas voulu, hier, mêler des affaires d'intérêt à la joie que vous avez éprouvée d'être des nôtres. Je viens aujourd'hui vous apporter une petite assignation dont j'étais porteur. Vous êtes cité à quinzaine devant le Tribuual de Commerce, pour vous voir condamner à solder le montant des billets qui sont entre les mains de M. Bienfait.

— Comment ! dis-je, est-ce que M. Bienfait ne m'accordera pas un délai? Ce serait bien mal de la part d'un frère.

— Oh! frère tant que vous voudrez, cela est excellent, est parfait dans l'enceinte de nos réunions, mais au dehors, voyez-vous, les affaires sont les affaires ; M. Bienfait a besoin de son argent et prend des mesures en conséquence. Vous demanderez ce délai au Tribunal de Commerce, mais je ne crois pas qu'il vous l'accorde, ce n'est pas l'usage. Au surplus, parlons de choses plus intéressantes : Vous n'êtes encore qu'au premier grade ; à la prochaine séance nous vous proposerons pour le second, puis, pour le troisième. Vous ferez votre chemin, allez.

— Pourvu que je ne prenne pas celui de Sainte-Pélagie.

— Ne songez donc pas à cela ; nous y pourvoirons. Adieu, à bientôt...

Il s'en alla frédonnant un air et satisfait comme s'il était venu m'annoncer qu'un oncle en Amérique venait de me laisser, en mourant, deux cent mille francs de rentes.

Le jour où je devais *comparoir*, comme on dit dans le grimoire de la chicane, devant le Tribunal de Commerce arriva et le hasard voulut que le même jour je dûs recevoir le second grade. Je me rendis d'abord au Tribunal où mon affaire ne fit pas un pli, ne fut pas l'objet de la moindre hésitation ; je fus condamné tout d'une voix à payer à M. Bienfait les deux mille francs en question, plus les dépens, et le tout avec contrainte par corps.

Ainsi jugé et condamné je me dirigeai vers le lieu de la réunion, espérant toujours que M. Bienfait, en faveur de la nouvelle dignité qu'il allait me concéder, voudrait bien apporter quelque adoucissement à la mesure dont je venais d'être frappé et

m'accorder quelque répit. M. Bienfait me reçut à
merveille, m'appela son cher frère, me serra la
main et procéda à ma seconde réception avec toute
la dignité que comportait cette grave circonstance.
Puis, au lieu des mots, signes et attouchements
qu'on m'avait donnés en premier lieu, il m'en
donna d'autres, et finit par me dire que la manière
distinguée dont je m'étais conduit pendant les
deux réceptions me mériterait incessamment l'a-
vantage d'obtenir le troisième grade et l'honneur
de porter le cordon bleu. Cette annonce me combla
de joie et de reconnaissance, sans m'empêcher toutefois de songer à mes deux mille francs.

Après la tenue je voulus voir mon créancier et
lui parler, mais il avait disparu et avait passé sans
doute par une autre porte que celle de l'entrée prin-
cipale. Le lendemain, le surlendemain, les jours
suivants, j'allai chez lui sans pouvoir jamais le
rencontrer. Il était devenu invisible, non pas pour
tous sans doute, mais pour moi.

Ce qu'il y eut de consolant, c'est qu'il ne m'a-
vait pas fait une promesse vaine : huit jours après
Lacros vint m'annoncer que le lendemain, dans
une séance solennelle, je recevrai le troisième grade. La chose eut lieu, en effet, à la grande satisfaction de tous les frères et à la mienne surtout,
car désormais je pouvais me pavaner avec le cordon bleu qu'on me passa en écharpe après m'avoir
donné, pour la troisième fois, d'autres mots, signes et attouchements.

Je n'ai pas cru devoir donner les détails de ces deux dernières réceptions, détails assez insignifiants d'ailleurs et beaucoup moins bruyants, moins fatiguants pour le récipiendaire que ceux de la première.

Je me retirai tout fier et le lendemain j'y pensais avec satisfaction, quand je rencontrai, en sortant de chez moi Lacros et un autre individu que je ne connaissais pas, celui-ci me dit, sans préambule oratoire : Monsieur, on a levé le jugement contre vous, à la requête de M. Bienfait, et qui vous condamne, avec contrainte par corps, à payer au susdit M. Bienfait, la somme de deux mille trois cent vingt-un francs et vingt-deux centimes, pour capital, frais et coût de ce que vous lui devez. En conséquence, nous venons vous prier, mon honorable collègue et moi, et vous contraindre, si besoin est, de nous suivre à Sainte-Pélagie, jusqu'à parfait paiement, liquidation et acquit légal de la susdite somme, offrant de remettre en vos mains toutes pièces, telles que protêts, assignations, jugements et autres, constatant que vous avez satisfait au jugement du Tribunal de Commerce. Mais, dis-je à Lacros, Vous êtes donc garde de commerce, vous aussi. — Comment ! sans doute, ne le saviez-vous pas ? — Ma foi ! non, et ne m'en doutais guère. Eh bien, oui, je suis garde de commerce, et c'est pour cela que j'ai voulu accompagner mon confrère, pour vous venir en aide, s'il est possible, et avoir pour vous tous les ménagements que notre

mission peut permettre. — Eh bien ! mon très-cher
frère, quel parti prendre dans ma position ? — Ah !
très-cher et très-honoré frère, vous n'avez qu'à opter entre deux partis : payer immédiatement ou
nous suivre à Sainte-Pélagie. — Ils sont aussi durs
l'un que l'autre ; mais ne pouvez-vous me donner
quelques heures pour me mettre en mesure et envoyer chercher de l'argent ? — Pardonnez-moi,
nous vous donnerons une partie de la journée,
mais seulement nous ne devons pas vous perdre de
vue, nous resterons avec vous tout le temps, et si
voulez bien venir chez vous et faire monter à déjeûner, nous attendrons que vos dispositions soient
prises et que vous ayez, comme on dit éloquem-
ment au Palais, satisfait à justice.

Je me rendis avec eux chez moi, j'écrivis à deux
de mes amis, que je ne choisis pas parmi les frères,
nous déjeûnâmes, et deux heures après je reçus
plus qu'il ne fallait pour satisfaire à justice, comme disait Lacros.

Le jour de ma réception au premier grade mes
billets avaient été protestés ; le jour de ma réception au second, j'avais été condamné par le Tribunal de Commerce ; le jour de ma réception au
troisième, on voulut me mettre en quatre murs.

Je fis bien de m'arrêter là. Que me serait-il arrivé si je fusse monté plus haut, et surtout si par
malheur je n'avais pas eu à faire avec une société
philantropique et entièrement composée de frères ?

J'ai entendu dire que dans certains pays et en certain temps, cette société a été proscrite et ses membres poursuivis comme ennemis des pouvoirs divins et temporels. C'est une grande erreur, d'après le peu que j'en ai vu : rien d'innocent et d'inoffensif comme cette association, et c'est pourquoi je me demande à quoi elle sert, quel en est le but. Je crois que c'est tout bonnement, et je ne suis pas le premier à le dire, ce qu'on peut appeler la chapelle des grands enfants.

Autres temps, autres ridicules.

Certains usages de notre vieille histoire nous paraissent tellement absurdes que nous nous refuse-
rions à les croire s'ils n'étaient attestés par tous
les historiens.

Ainsi, quand un homme était accusé d'un crime on lui liait les pieds et les mains, on le jetait
dans un bassin plein d'eau ; s'il surnageait il était
innocent et acquitté ; s'il allait au fond, il était
coupable et pendu.

Quand les rats, les taupes, les souris infestaient
une contrée, on les faisait citer devant un tribunal
pour s'entendre condamner à vider le pays, et on
leur nommait un défenseur d'office. Au jour de
l'audience les inculpés ne se présentant pas comme
on le pense bien, le défenseur demandait un ren-
voi, s'appuyant sur ce que les chats ayant eu connaissance de l'affaire avait attendu au passage ses
clients qui n'avaient pu se présenter. On faisait
droit à ces conclusions, l'affaire était renvoyée,

mais à la seconde audience, et toujours en l'absence des accusés, ils étaient condamnés par défaut, et le jugement était en divers lieu publié par un huissier, sans que ces animaux s'en inquiétassent beaucoup et sans qu'on vit diminuer leur nombre et leurs ravages.

Il existe dans les archives du parlement de Rouen le procès d'une truie qui, reconnue coupable d'avoir dévoré un enfant, fut condamnée à mort et solennellement pendue par le bourreau, en présence de toute la population. On lui avait donné aussi un défenseur dont la faconde fut impuissante pour la sauver, et l'on ignore si elle montra de la fermeté ou de la faiblesse au moment suprême.

Aux mêmes époques, les individus qui avaient une discussion, un procès à vider demandaient la permission de se battre pour prouver leur bon droit. On la leur accordait toujours, et celui qui perforait son adversaire d'un coup d'épée, s'il était noble, qui l'assommait d'un coup de bâton, s'il était vilain, celui-là avait raison et gagnait sa cause.

Mais les mœurs se relâchèrent, et au lieu de se battre en personne on se battit par procuration. Les deux adversaires choisissaient chacun le champion le plus fort, le plus adroit qu'ils pouvaient trouver et le chargeait de prouver leur bon droit à coups d'épée ou de bâton. Le champion qui assommait l'autre donnait gain de cause à celui qui l'avait choisi. Cette méthode avait cela de bon, que

du moins les procès ne traînaient pas en longueur.
C'était ce qu'on appelait le jugement de Dieu.

Ceux de mes lecteurs qui sont peu au courant
de l'histoire du moyen-âge, croiront peut-être que
j'exagère, que ces faits sont controuvés. Ils peuvent se convaincre de leur réalité dans les récits
d'une foule d'historiens, entr'autres dans les *Es-
sais sur Paris*, de Saint-Foix.

Mais croit-on, par exemple, que dans quelques
siècles, il soit donné plus de croyance aux écrivains qui rapporteront quelques-uns de nos usages? Oh certes ! ceux qui ne connaîtront pas notre histoire, pourront douter aussi et mettre sur le
compte de l'invention ce qu'on dira de nous. Je
me représente quelquefois, par anticipation, un
récit de notre civilisation actuelle, et crois y lire ce
qui suit :

A cette époque, dira l'historien, les mœurs s'a-
doucirent toujours de plus en plus, et, au lieu de
prendre des hommes pour agir et se battre, les
clients prirent des hommes pour parler et se dis-
puter. C'est ce que, dans ces siècles encore barbares malgré leurs prétentions, on appelait des
avocats. Les avocats n'avaient pas à s'enquérir de
la justice d'une cause ; toute leur mission con-
sistait à la défendre, pourvu toutefois que le client
eût de quoi payer.

Ainsi, par exemple, un homme était au fond
d'un cachot, les fers aux pieds et aux mains ; il
faisait appeler un avocat et lui disait :

— Monsieur, j'ai tué mon père et ma mère, j'ai étranglé ma femme ; ne pourriez-vous pas prouver que je n'ai pas eu tout-à-fait tort ? je vous en serais bien reconnaissant.

— Oui, mon ami, je le prouverai, sois tranquille, disait l'avocat.

Quelques jours après, l'homme comparaissait devant le tribunal, et, après l'exposé de l'affaire, l'audition des témoins, l'avocat s'exprimait à peu près ainsi :

« — Messieurs, je ne puis me dissimuler que des charges très graves pèsent sur mon client ; mais j'ai la conviction intime qu'après m'avoir entendu, vous reviendrez de la funeste impression que vous ont laissé ces débats, et reconnaîtrez l'innocence que je vais m'efforcer de vous démontrer. En effet, Messieurs, le crime matériel a été suffisamment établi par de nombreux témoignages ; mais les causes morales qui l'ont amené n'ont pas été suffisamment développées. On ne vous a pas parlé de toutes les qualités, de toute la vertu, de toute la piété de mon client, qualités qui doivent bien compenser à vos yeux les crimes dont je doute encore qu'il ait pû se rendre coupable, tant je suis convaincu de sa moralité. »

C'était là le thème sur lequel l'avocat brodait pendant deux, trois, quatre et quelques fois cinq heures ; mais il aurait pu parler ainsi pendant tout le jour et toute la nuit ; car, parmi ceux qui étaient censés l'écouter, trois, couverts d'une longue robe noire, dormaient d'un sommeil profond ; sur un banc, à la droite de ces trois hommes, étaient douze individus, dont cinq épiciers, trois pharmaciens, un bon paysan, un marchand d'oublies et deux membres d'une académie.

Les cinq épiciers, le paysan et le marchand dormaient comme les hommes à robe noire ; les pharmaciens lisaient un roman qui avait alors une grande vogue, intitulé les *Trois Mousquetaires*, et les deux académiciens s'amusaient à faire au crayon la charge des hommes noirs, de l'avocat et des témoins.

Quand l'avocat croyait consciencieusement avoir assez parlé il s'essuyait le front, tout le monde s'éveillait et l'on prononçait la condamnation du client, à qui, le lendemain, on coupait la tête en grande cérémonie. Le siècle était encore tellement barbare, qu'une foule immense accourait à ce spectacle, et que des femmes élégantes, de ce qu'on appelait alors la fashion, payaient bien chèrement des places pour y assister.

Une attaque de Chauffeurs.

Lorsque la République Française expirait, lorsque la Convention avait abdiqué son terrible mandat, et que rien ne faisait pressentir encore l'avénement de ce génie puissant qui devait réunir en lui tous les pouvoirs et toutes les volontés, qui devait pacifier l'intérieur en portant au dehors toute l'énergie et toutes les passions, le gouvernement directorial n'avait pas assez de force pour comprimer les flots soulevés d'une population arrachée depuis longtemps à ses habitudes normales. Trop d'intérêts avaient été froissés, trop d'individus avaient ou croyaient avoir à exercer de légitimes vengeances pour qu'il fut aisé de prévenir une multiplicité, une continuité de crimes, dont l'exemple semble exclusivement réservé aux siècles de barbarie. Le midi de la France eut ses chauffeurs comme le nord. Les uns et les autres n'appartenant en général à aucune opinion, hommes de sac et de corde, trouvaient commode de couvrir leurs forfaits du manteau du

royalisme, et au nom de ce qu'ils appelaient la
bonne cause avaient renouvelé les exploits des Car-
touche et des Gaspard de Besse. Ma famille fut vic-
time d'un de ces exploits ; et j'ai pensé que le récit
de cette scène ne serait point dénué d'intérêt pour
mes lecteurs.

C'etait le 6 février, jour des Rois ; bien jeune
enfant à cette époque, il m'a été impossible de me
rappeler l'annee, mais j'ai lieu de croire que c'est
precisement celle où Napoléon revint d'Égyte.
Nous habitions une campagne aux environs d'une
de ces quatre petites villes qui s'échelonnent entre
Marseille et Toulon. Mon père s'y rendait chaque
jour pour les occupations de son notariat, pour
l'administration de la commune dont il était maire.
Ce soir, il était rentré plutôt qu'à l'ordinaire, à cinq
heures à peu près, et nous l'entourions de nos
questions et de nos caresses, lorsque la domestique
vint lui annoncer à son cabinet, l'arrivée de deux
hommes qui demandaient à lui parler. Ce n'était
pas chose extraordinaire, même à cette heure, que
cette visite, pour un fonctionnaire public. Aussi,
descendîmes-nous fort tranquillement. Mais au lieu
de deux individus qui s'étaient présentés d'abord,
nous en trouvâmes dans le vestibule six, dont deux
avaient la figure couverte d'un masque. Ils venaient
de fermer la porte et quatre d'entr'eux se saisirent
de mon père, le conduisirent ou plutôt le portèrent
aux appartements du premier étage, tandis que
les autres s'emparèrent de nous et nous entassèrent

dans un petit caveau pratiqué sous un escalier.
Pendant que les quatre hommes montaient avec
mon père, un d'eux demanda s'il n'y avait pas de
fenêtres donnant au dehors dans ce réduit. Non,
répondit une autre voix, il n'y a rien à craindre ;
on peut les mettre là. L'opération de notre clôture
terminée, un seul des brigands resta à notre garde,
l'autre alla rejoindre ses camarades.

Quarante ans d'intervalle et les événements
d'une vie agitée, passée d'abord dans les camps,
sur les vaisseaux, puis au milieu de nos luttes politiques, n'ont pû effacer de ma mémoire le physique de cet homme. Je vois encore son regard qui
me semblait flamboyer à travers les trous de son
masque, deux énormes pistolets passés dans une
ceinture rouge, et un coutelas dont la lame brillait
dans sa main.

Il chercha pourtant à rassurer ma mère, qui lui
avait donné un petit diamant qu'elle avait au doigt.
Il l'assura que jamais on n'avait répandu de sang
dans les expéditions dont il avait fait partie, mais
il ajouta avec beaucoup de sang-froid, et comme
une chose toute naturelle : «Empêchez vos enfants
de crier ; s'ils font du bruit je serai obligé de les
tuer.» Appréciez, si vous pouvez, l'effet de cette
menace sur une mère. La nôtre nous flattait, nous
attirait tour-à-tour sur ses genoux et s'efforçait d'é-
touffer nos plaintes.

Je n'avais cependant aucune idée du danger qui
nous menaçait, non plus qu'une sœur plus jeune.

9

que moi et une autre que ma mère allaitait. Mais
nos pleurs étaient excités par le dérangement de
nos habitudes, par le froid du caveau, par la situation insolite où nous nous trouvions.

Notre attention fut bientôt éveillée par ce qui se
passait au-dessus de nous; c'étaient des allées et
venues d'une pièce à l'autre, des cris, des menaces, des piétinements, des meubles renversés et
brisés, puis encore du bruit et des cris. Ces alter-
natives s'étaient prolongées pendant plusieurs heures quand nous entendîmes un coup de feu, et
peu d'instants après des gémissements étouffés. Ma
mère supplia notre gardien d'aller voir ce qui se
passait. Il partit en disant : « Je vais faire descendre votre mari ; aussi bien, ce doit être fini, et ces
b...... là pourraient faire un tour de leur métier. »

Or voici : Les bandits avaient cru trouver et exi-
geaient quarante mille francs. Leur espérance fut
trompée, ils en trouvèrent cependant douze mille,
dont dix mille appartenaient à un client de mon
père qui, la veille même, en avait reçu le dépôt. De
là, le bris des meubles, de là les menaces. Dans un
moment où ces dernières paraissaient devoir s'ef-
fectuer, mon père se précipita vers une fenêtre à
demi ouverte, lorsque dix ou douze fusils se diri-
gèrent vers lui de cette partie de la campagne, et
de l'intérieur un coup de pistolet lui fut tiré presque à bout pourtant, dont la balle effleura ses vê-
tements et s'enfonça dans l'encadrement de la fenêtre. On arrêta alors de le pendre. Une corde fut

apportée et on procéda à la strangulation; les cris
de douleur et d'agonie excitèrent, comme on l'a
vu, l'attention de ma mère en déterminant le départ
de notre gardien.

Cet homme, à ce qu'il paraît, exerçait une certaine autorité sur la bande. Mais on ne la reconnut
pas en ce moment. Du moins ce ne fut pas sans altercation et sans peine qu'il parvint à leur arracher
mon père mourant. Il le traîna par les pieds sur
l'escalier et nous le jeta inanimé dans le caveau dont
la porte fut refermée bientôt : nos soins firent revenir mon père à la vie.

Un instant après, la porte de la campagne s'ouvrit. Une foule s'y précipita, criant et vociférant ;
nous entendîmes les questions faites à ceux qui
étaient restés dans l'intérieur, les mécomptes, le
retentissement des crosses de fusil sur le parquet et
bientôt le bruit d'une table qu'on roula au milieu
du vestibule et où nos visiteurs se mirent à souper
Les comestibles ne leur manquèrent pas. On con-
naît les campagnes de nos environs, manoirs bour-
geois qui, pendant des générations, passent de père
en fils et sont encombrés de provisions de toute espèce.

Le repas fut fort long au gré de notre impatience, et l'on conçoit que nous comptions les instants,
et l'attention que nous portions dans notre réduit
à tout ce que nous pouvions saisir de ce qui se passait. Cependant les pipes et les cigares s'allumèrent,
les sacs d'argent furent versés sur la table : on

l'empila, on le partagea; on fit, de l'argenterie, des bijoux et du linge des lots qui furent tirés au sort, et nous pûmes juger alors que la bande se composait d'une trentaine d'individus environ. Lorsque tout fut terminé, un d'eux demanda s'il ne convenait pas d'en finir avec la famille. Il est inutile de prendre cette peine, dit un autre, dans quelques heures ils ne seront plus en vie.

Nous eûmes bientôt l'explication de ces sinistres paroles, qui cependant ne se réalisèrent pas.

La bande quitta la table et défila aux cris de *vive le roi*. Le dernier sorti tira la porte sur lui et bientôt un silence absolu succéda au vaccarme qui nous avait tant émus. Quand tout fut calme, quand nous les crûmes bien partis, il nous sembla que pour sortir de notre prison, nous n'avions qu'à pousser la porte. Mais elle résista à nos efforts. Les misérables l'avaient assujettie avec une pince en fer dont un bout donnait dans le trou de la serrure, et l'autre appuyait contre le mur en face. Ils nous réservaient ainsi le sort de la famille Ugolin. D'ailleurs, l'air commençait à nous manquer dans cet étroit espace où nous étions entassés au nombre de sept personnes. Je n'ai pas besoin de dire les lamentations, les prières des femmes. Depuis longtemps la légende de tous les saints du paradis avait été passée en revue, lorsqu'un moyen tout physique et tout naturel se présenta pour nous tirer d'embarras. Ce fut un canif que mon père trouva dans une de ses poches.

Long et pénible fut le travail pour enlever à l'aide
d'un canif un panneau de la porte. Nous respirâ-
mes enfin le grand air après dix heures de détention, car il en était alors trois du matin, autant
que nous pûmes du moins en juger approximati-
vement, car les montres n'avaient pas été oubliées,
non plus qu'une élégante pendule de salon, tandis qu'une autre placée dans l'escalier et qu'on
n'avait pu enlever avait été mise en pièces. Tout
ce qui n'avait pu être emporté était détruit; les
glaces scellées dans le mur au-dessus des chemi-
nées étaient brisées; il en était de même de la plupart des meubles. La cave, dont tous les tonneaux
avaient été défoncés, était un lac de vin, et des sacs
de blé et de légumes de toute espèce avaient été ré-
pandus pêle-mêle dans l'escalier du second au premier étage qu'ils encombraient. La demeure était,
en un mot, tellement dévastée et bouleversée qu'on
eut dit qu'elle avait été envahie, non par une
bande de trente hommes seulement, mais par une
armée entière. Le hasard fit, dans la matinée, dé-
couvrir au milieu de plusieurs centaines de sar-
ments placés au grenier, une mèche qui par un
bonheur inouï s'était éteinte avant de communiquer
le feu. Ainsi notre mort et la destruction complète
de la campagne étaient deux choses bien arrêtées
quoiqu'en eût dit notre gardien.

Une imprudence commise par mon père avait
failli lui coûter la vie ainsi qu'à nous tous. Parmi
les bandits qui étaient dans l'intérieur, se trouvait

un nommé Véran, de la commune de Signes, qui, ancien domestique chez nous, en avait été chassé pour vol. C'est lui qui, connaissant les lieux, avait dit qu'il n'y avait pas de fenêtres dans le caveau. Il était masqué, et cependant quand, aux appartements du premier étage, mon père se trouva face à face avec ceux qui le conduisaient, il reconnut cet homme à sa taille, à sa démarche, et lui dit : « Je te connais toi, coquin, tu es Véran. » Véran fit un mouvement de surprise, ne répondit rien, et continua à aider ses camarades dans leurs perquisitions.

Une valeur de plus de quarante mille francs, somme importante relativement à notre fortune, fut perdue par cette expédition, par les dégâts commis, ou par les frais qui en furent la suite. Ce fut le commencement de la ruine de ma famille que d'autres malheurs vinrent bientôt accabler.

Il n'est pas hors de propos, pour donner une idée de l'incurie et du désordre de l'administration à cette époque, de faire connaître les suites de cette affaire.

Dès le lendemain de la scène dont on vient de lire les détails, mon père adressa à toutes les communes des départements du Var et des Bouches-du-Rhône des lettres circulaires donnant les détails de l'attentat dont nous avions été victimes, le signalement approximatif des individus avec lesquels il avait été en présence, et la marque du linge, de

l'argenterie et des bijoux qui nous avaient été enle-
vés.

Peu de jours après avoir fait ces démarches, il
reçut six lettres anonymes toutes de menaces, toutes dans le même sens, et dont une que j'ai encore
sous les yeux, était conçue en ces termes : Je la
copie textuellement.

« Coquin

» Si tu *fait* la moindre *démarsse* le moindre *pa*
pour cuivre ton *afferre*, la *tien* sera *biento fette* et *tu*
peux porté ta *quonfession* à la *posse*. »

On voit que ces messieurs, pour la plupart au
moins, n'avaient pas fait de fortes études.

Ces menaces n'émurent pas mon père et n'arrêtèrent pas ses démarches où il risquait la vie, mais
qu'un sentiment d'honneur et de justice lui ordon-
nait de poursuivre.

Environ un mois après il fut informé que trois
individus, nantis d'effets à notre marque, avaient
été arrêtés à Marseille, sans papiers, au moment où
ils allaient s'embarquer pour les Etats-Unis, et
qu'ils étaient envoyés à Toulon sous l'escorte de la
gendarmerie. Ils partirent, en effet, immédiatement pour cette destination.

Mais quand ils passèrent dans notre petite ville,
la nuit déjà avancée ne leur permettait pas d'arriver à Toulon avant la fermeture des portes. Il faisait un temps horrible, et l'escorte demanda à mon
père qui, comme je l'ai dit, administrait le pays,
d'y séjourner jusqu'au lendemain. Les trois ban-

dits furent enfermés dans la prison du lieu, peu sûre et si mal fermée qu'ils s'évadèrent pendant la nuit. Cette évasion, au surplus, dût être, à coup sûr, favorisée par quelques complices.

Mon père en fut averti presque aussitôt, au milieu de la nuit, et apprit en même temps qu'ils s'étaient dirigés vers un bois à une lieue environ du pays, et à peu près au centre et à égale distance de cinq ou six communes environnantes. Sans perdre un instant il envoya des exprès aux maires de ces communes, pour les engager à faire partir, un peu avant le jour, des piquets de gardes nationales se dirigeant en même temps vers le bois en question, de manière à le cerner, en y arrivant tous à la même heure. Il partit lui-même avec vingt hommes.

La chose s'exécuta comme elle avait été prévue. Au point du jour, des cris de reconnaissance, partis de divers points, annoncèrent que les piquets étaient en présence. Ils se réunirent à peu de distance les uns des autres, continuèrent leur marche, et quand ils furent au centre du bois, mon père fut le premier qui vit les trois brigands étendus et dormant au pied d'un arbre. Quelques-uns des hommes qui le suivaient armèrent leurs fusils et se disposèrent à en finir d'une manière expéditive. Sans doute qu'à cette époque tout se fut borné là et que l'illégalité de cette exécution n'eut pas été poursuivie. Mais mon père s'y opposa.

Les trois brigands garottés furent conduits à Toulon, et cette fois mis dans une prison d'où ils

ne purent s'échapper. Quelques jours après, trans-
férés à Draguignan, ils comparurent devant une
commission militaire qui les condamna aux travaux forcés à perpétuité. L'un des trois était ce
Véran dont il a été question plus haut, et dont l'i-
dentité fut parfaitement reconnue. Du reste, ils ne
firent aucun aveu sur leurs complices, et rien ne
rentra de ce que nous avions perdu, pas même les
objets assez insignifiants, au surplus, dont étaient
nantis ces trois là au moment de leur arrestation.

Malgré cette condamnation, de nouvelles lettres
de menace furent adressées à mon père qui n'y fit
aucune attention et n'en continua pas moins à aller
visiter ses propriétés rurales, d'où il revenait quelquefois fort tard dans la soirée, mais toujours armé d'une paire de pistolets et d'une canne à épée.
Il eut la certitude qu'une des lettres dont je viens
de parler, datée de Toulon, lui avait été adressée
des galères, par un des trois brigands qui y avaient
été condamnés, et qui, en sortant du tribunal,
n'avait pas craint de le menacer. Mais, à sa recommandation, ils furent soumis à la plus rigoureuse
surveillance, et placés parmi les forçats qui res-
tent constamment enchaînés au bagne et ne sont
occupés à aucuns travaux. Après la sixième année
de leur peine, ils étaient morts tous les trois, et
cette mort termina en partie les inquiétudes que
nous ne cessions d'éprouver.

Cependant, bien que la bande fût dissoute, quelque temps après ces événements, les individus qui

en avaient fait partie existaient toujours, et nous ne pouvions être dans une sécurité complète. Heu-reusement, la volonté puissante du chef de l'État vint bientôt imprimer une marche plus ferme et plus sévère à l'action de la justice et de l'adminis-tration, et mettre un frein aux attentats contre les personnes et les propriétés.

Plusieurs personnes qui se trouvent actuelle-ment à Marseille habitaient la petite ville où se sont passés les faits qu'on vient de lire, et pour-raient, au besoin, en attester la véracité.

UN ABORDAGE.

En 1806, et dans un des derniers jours du mois
de mars, un convoi de dix à douze bâtiments, tar-
tanes, pinques ou chebecks, destinés pour Livour-
ne ou les ports de la rivière de Gênes, était mouillé
dans la petite et étroite passe qui sépare de la terre
ferme l'île de Porte-Cros, une des îles d'Hyères.
La gabare de l'État la *Lamproie* aussi mouillée là
depuis la veille, attendait pour appareiller que le
vent du nord-ouest eût remplacé le calme plat ré-
gnant depuis plusieurs jours.

Aux premiers rayons du soleil une faible brise
s'éleva, la gabarre tira le coup de canon de départ,
appareilla et les bâtiments du convoi mirent à la
voile. La tartane provençale le *Saint-Esprit*, obéis-
sant comme les autres à ce signal, fut bientôt à
quelque distance de la gabarre qui, ayant mis en
panne, attendait que tout le convoi eût filé devant
elle, et ne tarda pas à orienter ses voiles et à faire
route.

Le temps était aussi favorable qu'on pouvait le désirer. La brise du nord-ouest avait fraîchi, et tout présageait que le lendemain au soir tout le convoi serait en sûreté et la *Lamproie* mouillée dans le port de Gênes, lieu de sa destination. Mais comme nous l'avons dit, c'était vers la fin du mois de mars, et dans ces parages, et à cette époque de l'année, il est rare que la brise qu'on avait alors, quand elle règne le matin, ne renforce pas avec plus ou moins de violence, et même ne devienne pas un ouragan pendant le restant de la journée.

C'est ce qui eu lieu ; le vent fraîchit en effet sur les huit heures, et à midi il était devenu ce que les marins provençaux appellent une *brouffounié*, c'est-à-dire une tempête, temps de cape pour les gros bâtiments et de danger pour les petits.

La gabarre avait pour mission de ne pas perdre de vue le convoi, mais le temps s'y opposait ; avec ses huniers au bas ris elle filait huit ou dix nœuds à l'heure, et malgré tous les signaux qu'elle fit aux caboteurs de la rallier autant que possible, elle fut obligée de les laisser derrière, et les eut bientôt perdus de vue.

La tartane le *Saint-Esprit* était commandée par un nommé Aillaud, brave contre-maître, vieux marin, réformé récemment de la marine impériale, par suite de la perte d'un œil, à la suite du combat de la corvette la *Bergère*, capturée par des forces supérieures, après un sanglant et glorieux engagement. Aillaud connaissait les Anglais : il les

avait vus de près en Amérique, à Aboukir et à
Trafalgar. Il les aimait comme quelqu'un qui avait
connu les pontons d'où il avait eu le bonheur de
s'échapper à travers mille chances et mille périls
et il s'efforçait de communiquer ses sentiments à
son petit équipage composé d'un second, de deux
matelots et d'un mousse qui tous l'appelaient gravement capitaine.

La nuit vint et ne fit qu'accroître la violence de
la tourmente. Aillaud, après avoir fait amener à
demi son antenne, fermé soigneusement ses écou-
tilles, et ne conservant que la lampe de l'habita-
cle, continuait de fuir devant la lame qui de temps
en temps se brisait sur l'arrière du petit bâtiment,
couvrait son pont et déferlait de l'avant en écume
blanche et murmurante. Le plus grand silence ré-
gnait à bord, et la crainte des croiseurs anglais
qu'on savait sillonner la Méditerranée, faisait souvent recourir à la lunette d'aproche de nuit pour
interroger l'horizon que resserrait considérable-
ment la hauteur de la mer.

A minuit environ, Aillaud apperçut dans les
eaux et à peu de distance du *Saint-Esprit* le corps
et la voilure d'un gros bâtiment dont la silhouette
noire se dessinait sur le bleu sombre du firmament
et la crête scintillante des vagues. Il n'y avait pas
de défense possible contre un ennemi de cette force, si c'en était un, et malheureusement Aillaud
était à peu près convaincu que ce ne pouvait être
qu'un bâtiment de guerre anglais. Aussi, tout ce

qu'il put faire fut de hisser son antenne et de livrer au vent autant de toile que la bourrasque le
permettait. Cette manœuvre cependant, ne laissait que bien peu d'espoir, et en effet, dix minutes
après, un gros brick était par le travers du *Saint-
Esprit*, et le hélait en anglais ; un instant plus
tard, une chaloupe l'accostant, jetait sur son pont
un *midshipman* et quinze hommes trempés comme
des marsouins, qui prirent possession du navire au
nom de sa Majesté Britannique.

La double opération de mettre la chaloupe à la
mer et d'aborder le bâtiment français ne dut pas
être sans danger, mais à cette époque, et même
pendant toute la guerre, les commandants des croiseurs ennemis avaient ordre de leur gouvernement
de mettre tout en œuvre pour se procurer le plus
grand nombre de prisonniers possible, et ils s'ac-
quittaient de cette mission avec autant de zèle que
de bonheur. Cette manière de nous attaquer, bien
mieux que les combats, avait pour résultats de rui-
ner et d'affaiblir le personnel de notre marine, car
tout individu qui passait deux ou trois ans sur les
pontons, quelque robuste qu'il fut, devenait atteint
d'une maladie de langueur, d'un marasme qui le
rendait, pour le reste de ses jours, incapable de
servir. En établissant les pontons, en déterminant
le genre de vie qu'on devait y mener, le gouvernement avait fait constater, par une commission de
médecins, le nombre d'années qu'il serait possible
de résister à ce traitement, et si l'homme le plus

robuste pourrait y survivre après y avoir été soumis pendant quelque temps. Les médecins trouvèrent le système adopté entièrement conforme aux vues philantropiques du gouvernement. Ainsi, l'art de guérir fut requis d'opiner sur la manière la plus sûre d'exécuter des milliers d'assassinats. C'est la seule fois, je pense, que pareille mission lui a été donnée.

L'opération qui s'exécutait à bord du *Saint-Esprit* eut lieu successivement sur plusieurs autres navires du convoi, sans plus de résistance, car les équipages composés de trois ou quatre hommes, presque toujours sans armes, ne pouvaient songer à se défendre contre des forces aussi supérieures.

L'aspirant anglais, après avoir interrogé Aillaud, en mauvais français, sur sa nation, son chargement et le lieu de sa destination, après l'avoir déclaré de bonne prise, s'était rembarqué dans sa chaloupe, emmenant seulement un homme et le mousse du *Saint-Esprit*, et laissant à bord quatre anglais, dont un était chargé du commandement, avec ordre de se diriger sur Malte.

On mit donc le cap sur cette île, et Aillaud et les deux hommes qui lui restaient avaient en perspective les terribles pontons, prisons destinées à l'honneur, à la bravoure, et auprès desquelles les bagnes de nos forçats pouvaient être considérés comme des lieux de plaisance. Mais à peine Aillaud s'était vu au pouvoir des anglais, qu'il avait formé le projet de reprendre son bâtiment et de gagner les côtes de France ou d'Italie, projet vague, ne reposant sur aucun plan arrêté, sur aucune chance certaine de succès, mais qui se basait tout entier sur les éventualités, sur les occasions qui pourraient se présenter.

Malgré le gros temps qui continuait toujours, on put faire route directe pour Malte le reste de la nuit. Mais dans la matinée le vent tomba tout-à-coup, passa au sud-est et souffla bientôt avec la même violence qu'il avait eue dans l'aire opposée. Il fallut alors naviguer presque debout au vent, puis tirer des bordées, et dans la soirée se décider à laisser arriver, ne pouvant résister aux raffales et aux lames qui menaçaient de faire sombrer la tartane. Ce ne fut pas sans hésiter longtemps et sans se voir contraints de céder à la nécessité, que les capteurs se décidèrent à adopter ce parti. La cape que l'on venait de prendre devait conduire en peu d'heures le bâtiment sur les côtes de France, si le vent ne calmait pas. C'était ce que demandaient Aillaud et ses hommes.

Au surplus, les Anglais étant peu familiarisés avec la voile latine dont on ne se sert guère sur l'Océan, celui qui commandait ordonna à Aillaud de diriger la manœuvre et fit prendre la barre du gouvernail au nommé Pierre Long, second du *St.-Esprit*. Pour le coup, un rayon d'espoir vint luire au cœur du brave marin ; mais il avait devant lui quatre anglais, grands et vigoureux, ayant chacun deux pistolets d'abordage à la ceinture et un sabre au côté. Cela ne le décourage pas cependant ; car si les français n'étaient que trois, s'ils n'avaient pour toute arme que deux fusils rouillés, enfermés dans la cabine où il était impossible d'aller les chercher, ils avaient encore l'avantage : ils étaient animés par un sentiment qui décuple la force et l'audace, qui crée des armes, qui enfante des prodiges ; l'amour de la liberté.

Cependant Aillaud, bien qu'il comptât sur le courage et la résolution de ses deux hommes, ne leur avait fait encore aucune ouverture ; il ne pouvait leur parler que devant les anglais et ignorait si l'un de ceux-ci ne comprenait pas le français. Toutefois, debout sur le plat-bord, se tenant à un palan, et au milieu des indications sur la manière de gouverner, il préluda de la manière suivante au terrible drame dont le petit pont de la tartane devait bientôt être le théâtre.

« Attention ; voilà une rafale... amène le foc, la barre au vent.... Si nous assomions ces b.... là ! »

A ces derniers mots, les regards des deux français se portèrent sur Aillaud, et celui-ci se mit à regarder la mer d'un air d'indifférence, puis il reprit :

« Je crois qu'au jour le vent tombera, voilà un peu d'accalmie, hisse le foc... Long se chargera de celui qui a les favoris noirs. »

Nouvelle interruption, et rien ne révélait que les anglais eussent compris un mot de ce qui les intéressait si fort.

« Lof, lof…. Jean prendra celui à la ceinture rouge.

Ici Aillaud sauta sur le pont, se porta de l'avant, et après avoir fini de s'assurer si le foc était bien bordé, après avoir touché à plusieurs objets, comme pour les mettre en place et les assurer contre le roulis, il prit trois avirons de la chaloupe, et les poussa avec le pied contre le plat-bord, un peu de l'arrière. Ensuite il reprit son poste.

« Attention à la lame… attention à la lame… la barre au vent… je me charge des deux autres. Voilà encore une rafale; attention, chacun un aviron, et quand je commenderai *adieu vat.* »

Un nouveau coup d'œil des deux français, jeté à la dérobée, avait prouvé à Aillaud que tout était compris et qu'on était disposé et prêt à agir en conséquence. Il n'y avait donc qu'à attendre une occasion favorable et ne rien aventurer; car il fallait donner la mort ou la recevoir : de pareilles tentatives ne se pardonnent pas, et on ne devait pas songer à désarmer les quatre anglais. Ce n'était que par leur mort, ce n'était qu'en risquant sa propre vie qu'on pouvait recouvrer la liberté plus chère que la vie.

Au point du jour on avait fait beaucoup de chemin et au lever du soleil on aperçut la côte. Aillaud distingua même et reconnut le fort de Bregançon qu'une faible éclaircie dessinait au milieu des nuages. Alors l'anglais fit comprendre qu'il fallait absolument mettre le cap au large et prit la barre pour exécuter cette manœuvre, malgré tous les efforts que fit Aillaud pour lui en faire comprendre le danger. Il s'en suivit une altercation pendant laquelle l'insolent capteur mit le pistolet au poing et le porta sur la figure du français. Celui-ci feignit de céder, mais vit qu'il était temps de mettre à exécution l'idée conçue et mûrie depuis la veille.

Un des anglais, comme je l'ai dit, était au gouvernail ; deux autres saisirent la drisse de l'antenne pour la hisser, le quatrième se dirigea sur l'avant pour jeter un coup d'œil au large. En ce moment, Aillaud cria d'une voix terrible : *Adieu-Vat.*

Aussitôt les français se précipitèrent sur les avirons et un triple coup tomba sur la nuque de l'homme qui tenait la barre et sur les deux qui étaient à l'antenne. Le premier hors de combat, tomba de tout son poids sur le pont ; les deux autres, étourdis seulement par des coups mal dirigés, purent saisir leurs armes avant que les assaillants eussent frappé de nouveau. Ceux-ci d'un saut rapide, s'acculèrent à la porte de la cabine, brandissant leurs avirons ; trois coups de pistolet leur arrivèrent à la fois, dont l'un étendit Jean, raide mort. La tartane n'étant plus gouvernée roulait horriblement et l'anglais, pantelant sur le pont, frappait de son corps inerte l'un et l'autre bord en suivant le roulis. Aillaud se baisse, ramasse ses pistolets et casse la tête à un autre anglais dont l'arme venait de rater sur sa tempe.

La chance était désormais égale pour le nombre et presque pour les armes, car si les anglais survivants avaient chacun un coup à tirer, il restait aussi un pistolet à Aillaud et les avirons de nos braves valaient bien les sabres de leurs adversaires. Ceux-ci adossés au mât et en partie couverts par l'antenne paraissaient vouloir se tenir sur la défensive. On s'observa un instant, après quoi Aillaud avança d'un pas ferme et fut ajusté par un anglais ; il fit un mouvement et la balle alla traverser la poitrine du malheureux Long qui était derrière lui, tandis que l'anglais tombait aussi, ajusté à bout portant par Aillaud.

En moins d'une minute, il ne restait donc plus que deux combattants, dont l'un, armé d'un pistolet, paraissait vouloir ne s'en servir que sûr de son coup, et il était difficile d'ajuster par un roulis qui permettait à peine de se tenir debout, avec des lames qui à chaque instant couvraient le navire. La seule chance favorable pour Aillaud, qui avait reculé contre la porte de la cabine, était d'être manqué, et cette chance eut lieu. L'anglais tira sur lui, mais au moment de faire feu, un mouvement de roulis le jeta sur le mât, et la balle s'enfonça dans le plat-bord.

Alors une lutte terrible s'engagea, Aillaud et l'anglais se précipitèrent l'un sur l'autre, l'aviron et le sabre à la main. Ces armes avec lesquelles ils ne firent d'abord que se défendre, servant mal l'impatience où ils étaient d'en finir, ils les jetèrent

et se saisirent corps à corps. Parmi les cadavres de
leurs compagnons que rencontraient leurs pas mal
assurés, au milieu des mouvements saccadés du
navire, trempés de sueur, exaspérés par la rage,
les deux antagonistes tombèrent ensemble et rou-
lèrent longtemps en s'étreignant mutuellement et
cherchant à s'étouffer. Dans un moment où la tartane donnait à la bande et où l'un et l'autre, se tenant toujours, avaient roulé contre le plat-bord,
sous le vent, Aillaud parvint à saisir de la main
gauche un cordage. Maintenant sous lui son ennemi, tandis que de la main droite il arrachait une
cheville en fer, il lui en asséna un coup terrible sur
la tête. L'anglais poussa un cri étouffé et les bras
qui étreignaient Aillaud tombèrent inertes et sans
force à côté de lui.

Quelques heures après le *Saint-Esprit*, poussé à
la côte par la tempête, se brisa sur un rocher, dans
l'est de la rade d'Hyères. Les cadavres anglais et
français furent jetés sur la plage parmi les débris
du bâtiment, et Aillaud parvint à s'y rendre à la
nage. Il ne jouit pas longtemps d'une liberté si chèrement achetée. Dans l'année même, il fut pris par
un corsaire armé à Gênes et conduit sur les pontons de Plymouth où il est mort. Si sur le bâtiment de guerre anglais qui captura le corsaire, on
avait connu les détails que nous venons de rapporter, le brave marin n'aurait pas fait la traversée
jusqu'à Plymouth. Il eut sans doute été pendu au
bout d'une vergue, car les révoltes de prisonniers

et même des actes moins hostiles n'étaient point
pardonnés par nos ennemis, qui saisissaient le pré-
texte le plus futile pour en finir avec les malheureux captifs, trouvant le supplice de pontons encore
trop lent. Nous pouvons en finissant rapporter un
exemple de ce genre.

A bord d'une frégate anglaise qui se rendait de
Malte à Gibraltar, se trouvait prisonnnier de guerre
un enseigne auxiliaire de notre marine. A peu près
à la hauteur de Tunis, on rencontra la frégate française la *Cléopâtre* et le combat s'engagea, acharné,
terrible, et pendant une heure ne présentant aucune chance d'avantages pour l'un ou l'autre des
deux adversaires.

L'officier français avait été laissé libre dans la
grande chambre où il se trouvait seul, pendant que
le canon grondait dans la batterie au-dessus de sa
tête. Il eut l'idée soudaine de nouer fortement son
mouchoir à la drosse du gouvernail pour en entra-
ver le mouvement et empêcher ainsi la frégate de
manœuvrer. La chose réussit parfaitement, le bâtiment anglais demeura sur l'eau comme une bouée
sans obéir à son gouvernail immobile. La *Cléopâtre*
s'en aperçut, prit une position avantageuse, can-
nona son adversaire, puis donna l'abordage à l'anglais qui ne put l'éviter et fut enlevé après avoir
perdu la moitié de son équipage.

L'enseigne auxiliaire ne manqua pas de raconter
aux officiers de la *Cléopâtre* la ruse de guerre qui
les avait si bien servis. La chose se répandit, fut

bientôt connue de tous les hommes survivants des deux équipages et du commandant anglais qui, dangereusement blessé vomit de grossières invectives contre notre compatriote, auteur, disait-il, de sa défaite, et qu'il jurait de faire pendre, si jamais les circonstances le lui permettaient. Ces circonstances ne se présentèrent que trop tôt.

Les deux frégates étaient désemparées et démâtées, l'anglaise de son mât d'artimon et de ses mâts d'hune, la *Cléopâtre* de son mât de misaine. Les voiles étaient criblées, les haubans hâchés par la mitraille, et il était de toute impossibilité d'appareiller dans cet état. Il fallait, avant tout, réparer autant que possible ces avaries.

L'enseigne auxiliaire, à qui était dû en grande partie le succès qu'on venait d'obtenir, rendu à la liberté par cet événement, avait le plus grand intérêt à ce qu'on gagnât le plutôt possible un port français, car il n'oubliait pas les menaces du commandant, et savait fort bien qu'elles ne seraient pas vaines s'il y avait possibilité de les accomplir. Aussi veillait-il avec autant de soin que d'activité, aux travaux de réparation qui permettraient de mettre à la voile. Mais ces travaux allaient lentement. L'équipage français était décimé; une partie de ceux qu'avaient épargnés les boulets était occupée à la garde des prisonniers, et d'ailleurs, les avaries étaient trop majeures pour qu'on pût complètement les réparer à la mer.

Ce fut en présence d'une position aussi critique,

que dans la soirée on apperçut à l'horizon un vaisseau à trois-ponts, faisant voile à peu près dans la direction où étaient les deux frégates. Ce ne pouvait être qu'un vaisseau anglais. On en eût bientôt la certitude, et une heure plus tard il était à portée de canon et attaquait.

La défense de la *Cléopâtre* et de sa prise ne fut ni vigoureuse ni longue. L'équipage français avait été réparti sur les deux frégates qui, chacune n'avait guère que cinquante ou soixante hommes en état de combattre. Après quelques coups de canon pour la forme, les deux pavillons français furent amenés, et les deux frégates amarinées par le trois-ponts qui se rendit avec elles à Gibraltar.

Le commandant de la frégate anglaise raconta à celui du trois-ponts ce qui s'était passé, représenta le fait accompli par l'enseigne, comme un acte de trahison et de révolte, et demanda que prompte justice en fut faite selon ce qu'il appelait les lois de la guerre et le droit des nations. L'officier supérieur proposa vainement d'attendre qu'on fut en Angleterre pour prendre les ordres de l'amirauté ou du transport-office, commission chargée de l'administration des prisonniers. Ces sages conseils sur lesquels, du reste, le commandant du vaisseau insista peu, ne furent point écoutés, et notre malheureux compatriote fut pendu à la grand vergue du trois-ponts, malgré les cris d'indignation et les protestations énergiques des officiers de la *Cléopâtre*.

LES PÉKINS.

C'est une race, non de citoyens, mais de parias qui a toujours existé en France et qui, selon les temps, s'est composée de différentes classes de la société. Sous l'Empire, pour ne pas remonter plus haut, les pékins étaient tous ceux qui ne portaient pas uniforme et sabre ou épée. Ils se tenaient cois, n'osaient pas émettre un avis dans la moindre discussion, et faisaient bien : ils auraient été rudement tancés et mis à leur place par les maîtres du pavé à épaulettes ou broderies.

Aujourd'hui les choses ont changé : les pékins sont ceux qui n'ont rien à faire avec le commerce ou l'industrie. Béranger, Eugène Sue, Alexandre Dumas sont des pékins. Ils le savent fort bien et n'élèvent pas très-haut leurs prétentions. Comment oseraient-ils le faire en présence de l'industrie et du commerce, le grand mot du jour, la seule garantie de considération d'avenir et de repos ?

Si vous avez le malheur d'être pékin, si vous

voulez cesser de l'être, vous avez un moyen bien simple : prenez une patente de n'importe quoi, il y en a à tout prix, achetez et revendez. Quand vous devrez à divers créanciers cinquante, cent, deux cent mille francs, un ou plusieurs millions, déclarez que vous ne pouvez donner que cent sous pour cent francs ; on acceptera, et vous serez quitte pour aller recommencer la même opération un peu plus loin. Vous jouirez toujours de l'estime et de la considération qui vous seront justement dues.

Mais ayez la sottise de rester pékin, il n'en sera point ainsi. Si vous devez cent francs à votre tailleur ou à votre boulanger, un avoué se chargera de l'affaire, et en moins de quinze jours on ajoutera trois cent francs de frais à vos cent francs de dettes. Le créancier aurait patience peut-être et attendrait; l'avoué n'attendra pas. Il saisira vos meubles, les draps de votre lit, et vous serez bien heureux s'il vous laisse une botte de paille.

Il faut donc s'efforcer de ne pas être pékin, jusqu'à ce que la raison, le bon sens et le temps forcent à apporter quelques changements à cette singulière législation, fabriquée sans doute par un avoué. Vous me direz peut-être que pour n'être pas pékin il faudrait se décider à être fripon. Je ne sais ce qui en est, mais, dans tous les cas, il ne s'agit que d'opter.

LE SERGENT BITERLING.

L'importance et le nombre des événements qui se sont déroulés depuis environ trente ans ont effacé à Marseille, le souvenir d'un fait qui, à l'époque où il eut lieu, affecta douloureusement la population. J'en ai recueilli dans le temps les détails et j'ai cru d'autant mieux pouvoir les reproduire, que la génération actuelle les ignore complètement.

Biterling, natif de Strasbourg, était sergent de grenadiers au 3e régiment de ligne, en garnison à Toulon. Protégé par son colonel, ayant reçu une éducation soignée, il était destiné à un brillant avancement qu'un moment d'erreur et de découragement, une légère infraction à la discipline, convertirent en arrêt de mort. Le 26 janvier 1830, dans la soirée, le sergent avait été noté par un adjudant-sous-officier qui l'avait pris en haine et qui, le lendemain, le punit de quatre jours de salle de police pour un sujet aussi insignifiant. Dès ce moment l'exaspération de Biterling fut à son comble, et il parut avoir perdu la tête. En présence de la compagnie, il vend tout ses effets, et répand silencieusement de grosses larmes. Un de ses camarades interprêtant sa pensée intime et ses projets, lui dit :

— Je le vois, pour quatre jours de salle de police, tu veux te tuer.

— Laisse-moi, lui répond Biterling, je sais ce que j'ai à faire.

Il va acheter de la poudre et des balles et se rend à l'exercice avec sa compagnie. Là, s'écartant de quelques pas des soldats il charge son fusil ; mais, dans sa précipitation, il mit sur la balle un tampon trop fort, qui s'arrêta à quelques pouces du canon et qu'il ne put enlever avec un tire-bourre. Malgré cet obstacle il crut pouvoir en finir avec la vie, et descendit, à cet effet, dans un fossé voisin du lieu de l'exercice. En ce moment son colonel, M. d'Autane, paraît et l'appelle. Biterling, livré à une espèce de folie, n'est plus un homme ; à deux pas de son colonel, il baisse l'arme, qu'il avait chargée pour se détruire, fait feu, et le malheureux d'Autane tombe mort. Il tire ensuite son sabre, et veut se précipiter sur la pointe, mais quelques militaires l'en empêchent ; il est arrêté, ne tarde pas à reconnaître l'énormité de sa faute, et pleure comme un enfant.

Biterling avoue que, sur le bord du fossé où il allait descendre pour se détruire, cette pensée était

venue à son esprit : Si je me casse la tête, pourquoi ne pas la casser à l'adjudant qui est cause de
mon désespoir. Mais ce fut une pensée rapide et
bientôt oubliée. Jamais, dans ces moments d'un
terrible délire, il n'avait songé à son colonel.

Traduit devant le 1er conseil de guerre de la division, séant à Marseille, le sergent fut entouré de
la sympathie que devaient appeler tant de fatalité
et les circonstances dramatiques de la cause. Deux
défenseurs, le sergent-major Henricy, du 6e de ligne, et M. Rey de Foresta, avocat du barreau de
Marseille, parlèrent tour à tour en faveur de l'accusé. Le dernier s'appesantit surtout sur la grande
question de la monomanie homicide instantanée.
Mais malgré leurs efforts, le sergent, reconnu coupable à la majorité des voix, fut condamné à mort.

Les deux défenseurs firent longtemps de vains
efforts pour déterminer Biterling à se pourvoir en
révision, il n'espérait ni ne désirait la cassation de
son jugement et était résigné à son sort qu'il savait
être inévitable. Cependant, par simple reconnaissance pour leurs bons offices et pour l'intérêt qu'ils
lui témoignaient, il finit par se rendre à leurs
prières.

Le conseil de révision s'assembla le 3 mars, et
la foule, que les circonstances peu ordinaires de
cette cause avaient vivement intéressée, encom-
bra la salle et les avenues. Le sort du condamné
excitait les plus vives sympathies. Cependant, malgré les moyens de cassation que firent valoir les

défenseurs, le pourvoi fut rejeté, et la destinée de
Biterling fut irrévocablement fixée. Au fort Saint-
Jean, où il avait été enfermé pendant l'instruction
et l'intervalle des deux jugements, un geôlier lui
apprit officieusement la décision du conseil. Il n'en
fut nullement ému, et demanda, à deux personnes
qui étaient venues le visiter, si son exécution devait
avoir lieu le soir même. Il parut contrarié, en ap-
prenant que c'était renvoyé au lendemain matin de
très-bonne heure, et se disposa à mettre le temps
à profit. Dans la soirée il écrivit deux longues et
touchantes lettres, l'une à son père, l'autre à une
jeune personne de Strasbourg qu'il aimait depuis son
enfance. Puis il s'endormit d'un sommeil profond
et calme, et, au point du jour, on fut obligé de l'é-
veiller pour lui annoncer que l'heure fatale avait
sonné.

Tout commençait à s'agiter dans la ville, le canon de la patache venait de donner le signal du
mouvement et des travaux de la vaste et indus-
trieuse cité, et le tambour d'une corvette américaine mouillée en rade, faisait entendre les roulements
joyeux de la diane, lorsque Biterling sortit du fort
pour monter, avec le peloton au milieu duquel il
était placé, à l'esplanade de la Tourrette.

Il était accompagné par un jeune prêtre dont il
avait accueilli la visite et les consolations avec bienveillance, mais dont les encouragements lui étaient
inutiles, Quand il fut en face du peloton qui l'attendait, on voulut lui bander les yeux et il s'y re-

fusa. Le prêtre lui fit observer que cette circonstance était inhérente à sa condamnation et qu'il
devait s'y conformer. Alors Biterling prit sou mouchoir, et, debout sur son pied gauche, le plia avec
beaucoup d'attention et lentement sur le genou
droit, sans que le moindre mouvement, dans cette
position gênée, décélât la plus légère émotion. Puis
il se banda lui-même les yeux, et se mit sur une
éminence, à trois pas des douze hommes qui allaient faire feu sur lui. On lui avait permis de commander son exécution. Après avoir fait le commandement : Apprêtez-armes, il dit en souriant aux
soldats :

— Je n'ai pas besoin de vous demander si vos
fusils sont chargés ; ils doivent l'être.

Il prononça d'une voix aussi assurée, aussi ferme que s'il eût été à l'exercice, les deux mots joue,
feu ! et tomba sans pousser un soupir, sans faire
un dernier mouvement, frappé par huit balles,
dont une l'avait atteint au milieu du front, et l'autre à la main droite, celle qui avait commis le crime. Par une exception assez remarquable et très-
rare, il succomba la face tournée vers le ciel, car
tous ceux qui périssent frappés par des balles,
tombent ordinairement la figure contre terre.

Telle fut la déplorable fin d'un homme dont l'â-
me était d'une trempe peu commune, et qui paraissait destiné à prendre rang parmi les illustrations militaires de la France. Peut-être, sans un
moment d'erreur et de vertige, Biterling, plein de

vie et entouré de respect et de considération, porterait maintenant les épaulettes étoilées. Il faut si peu de chose pour changer les destinées, non seulement d'un homme, mais d'un empire! Supposez, au siége de Toulon, en 1793, le commandant de l'artillerie, Bonaparte, frappé à mort par une balle, et la conquête de l'Italie n'avait pas lieu, et l'Empire n'existait pas, et la France, sous le gouvernement inepte du directoire, voyait se dérouler une série d'événements tout autres que ceux dont nous avons été témoins. Supposez encore qu'à Waterloo, un des nombreux aides-de-camp envoyés à Grouchy et qui furent tous tués, eût pu parvenir jusqu'à lui et l'amener sur le champ-de-bataille ; une nouvelle victoire de Marengo, dont Grouchy eût été le Dessaix, ouvrait pour le pays une nouvelle et immense période de prospérité et de gloire ; les Anglais et les Prussiens étaient écrasés, et les princes légitimes, leurs amis ; retournaient en Angleterre ou en Allemagne, régner comme ils prétendaient l'avoir fait depuis dix-huit ans. Ainsi, une balle de plus, une balle de moins, quoi qu'elles ne pèsent qu'une once, peuvent être pour beaucoup dans les destinées des nations.

FIN.

Marseille. — Imprimerie et Lithographie GRAVIÈRE, rue Paradis, 31.

TABLE.

www.ingramcontent.com/pod-product-compliance
Lightning Source LLC
Chambersburg PA
CBHW050014100426
42739CB00011B/2640